ERLEBNIS

SCHWEIZ

ERLEBNIS

SCHWEIZ

Entspannt

Kümmerly+Frey

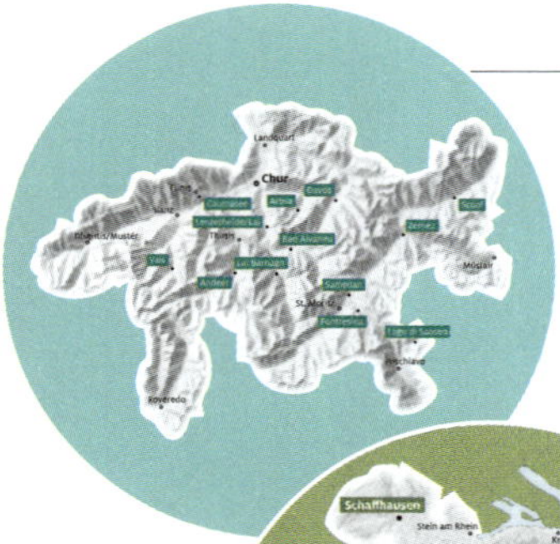
Landquart
Chur
Davos
Arosa
Scuol
Zernez
Thusis
Bad Alvaneu
Müstair
Samedan
St. Moritz
Pontresina
Andeer
Poschiavo
Roveredo

Schaffhausen
Stein am Rhein
Kreuzlingen
Romanshorn
Frauenfeld
Weinfelden
Bülach
Winterthur
Wil
Rorschach
St. Gallen
Altstätten
Appenzell
Zürich
Uster
Wädenswil
Rapperswil
Ebnat-Kappel
Buchs
Glarus
Sargans

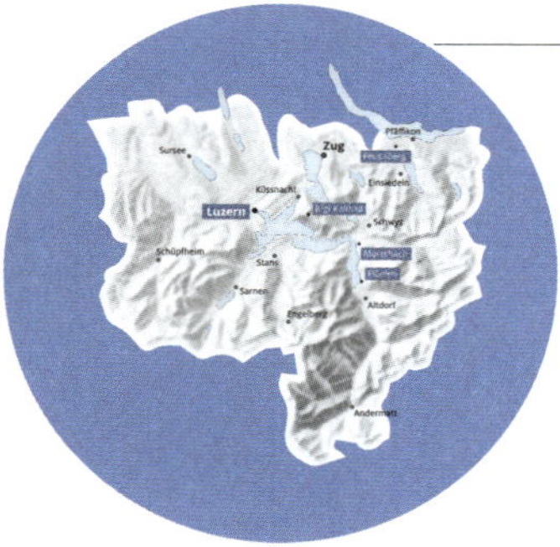
Pfäffikon
Zug
Sursee
Einsiedeln
Küssnacht
Luzern
Schwyz
Schüpfheim
Stans
Sarnen
Altdorf
Engelberg
Andermatt

Basel
Liestal
Brugg
Baden
Aarau
Lenzburg
Olten
Wohlen
Zofingen
Grenchen
Langenthal
Biel/Bienne
Lyss
Burgdorf
Bern
Langnau

inhalt

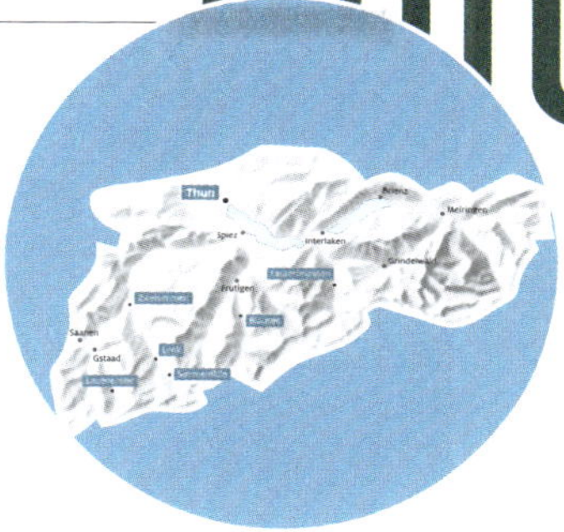

Thun
Spiez
Interlaken
Meiringen
Frutigen
Saanen
Gstaad

Porrentruy
La Chaux-de-Fonds
Neuchâtel
Murten
Fribourg
Bulle
Lausanne
Vevey
Nyon
Genève

Fiesch
Monthey
Sierre
Visp
Sion
Nendaz
Zinal
Verbier

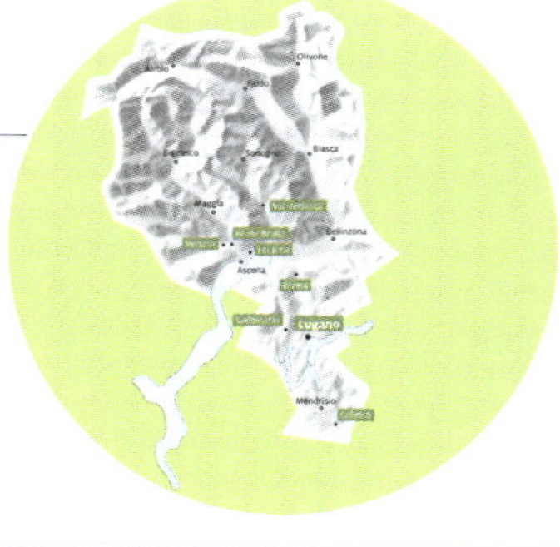

Olivone
Biasca
Maggia
Bellinzona
Ascona
Mendrisio

6
3
2
1
Landquart
Chur
Flims
Davos
Arosa
Caumasee
Ilanz
Lenzerheide/Lai
Disentis/Mustér
Thusis
Bad Alvaneu
Vals
Lai Barnagn
Andeer
Samedan
St. Moritz
Pontresina
9
7
Roveredo
11
10

graubünden:

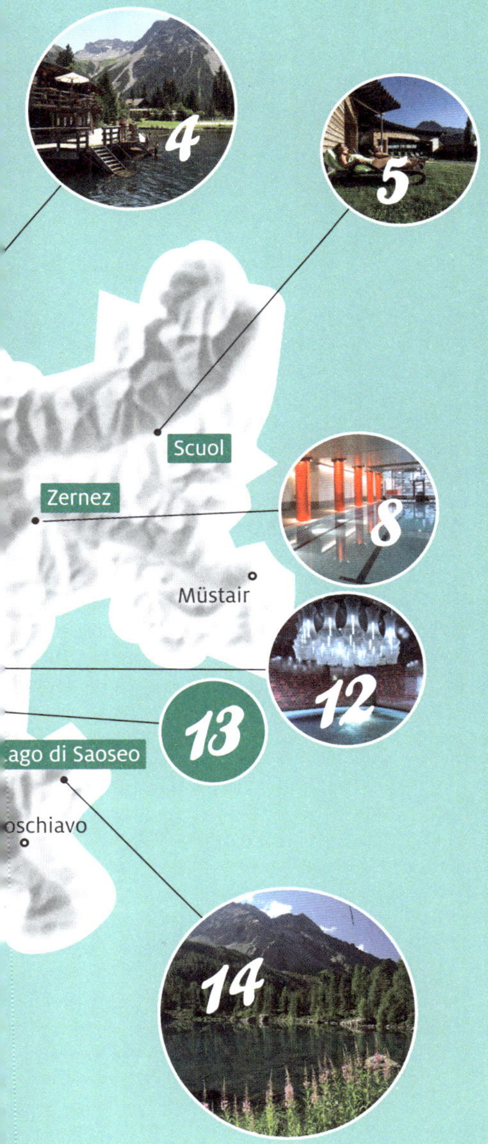

Caumasee

Bei Flims laden gleich zwei romantische Bergseen zum Erholen, Baden und Bräteln ein. Zunächst einmal wäre da der mit einer Standseilbahn (gratis) erschlossene türkisfarbene, von silbernen Weiden gesäumte Caumasee, dessen Name sich nicht ohne Grund mit „See der Mittagsruhe" übersetzen lässt. Faulenzen und Sonnenbaden auf der Liegewiese sind jedenfalls angesagt, doch ist der von unterirdischen Quellen gespeiste See auch für Wasserratten ein Paradies: Besonders reizvoll ist ein Ausflug auf die kleine Insel, die man schwimmend leicht erreicht. Den ganzen See erkundet man am besten mit dem Pedalo oder auf dem Stand-up-Paddel. Und die Kinder plantschen im See, bauen Burgen im Sandkasten oder vergnügen sich auf dem Spielplatz.

Für das leibliche Wohl wird im direkt am Ufer gelegenen Restaurant (mit Terrasse und Lounge) gesorgt.

weitere Infos

Badebetrieb:	Sommersaison, ca. Mai – Mitte Sept.
Anreise:	z. B. zum Parkplatz Caumasee in Flims, von dort ein kurzer Fussweg zum Lift
Telefon:	081 911 11 33
Internet:	www.caumasee.ch

Crestasee

Der zwischen Flims und Trin auf 844 m Höhe vor einer atemberaubenden Bergkulisse gelegene Crestasee ist nur zu Fuss erreichbar und hat daher fast Geheimtipp-Charakter. Seinen Besuchern bietet er in seiner Ursprünglichkeit und Naturbelassenheit einen märchenhaften Anblick: Blaugrün schimmert das Wasser, die Ufer sind von üppiger Vegetation und auf drei Seiten von einem dunkelgrünen Baumkranz umrahmt. Der idyllische See ist ca. 320 m lang und verfügt über einen Steg sowie ein Floss mittendrin. Das seichte Wasser (mit Abtrennung zum tieferen Gewässer) eignet sich bestens für Familien mit Kleinkindern. Das Wasser des Crestasees fliesst unterirdisch zu und oberirdisch ab. Der starke Zulauf sorgt dafür, dass das Seewasser innerhalb weniger Tage komplett erneuert wird – in bester Badewasserqualität. Wer trotzdem nicht ins Wasser will, kann den See per Boot oder Stand-up-Paddel erkunden. Danach – oder zwischendrin – sucht man sich einen Platz im Gasthaus.

weitere Infos

Badebetrieb:	Sommersaison, ca. Mai – Mitte Sept.
Anreise:	Von Trin aus der Beschilderung „Crestasee“ folgen bis zum Parkplatz im Wald. Von dort 10 Gehminuten zum See.
Internet:	www.crestasee.com

graubünden

Arosa, Untersee-Badi

Einst badeten hier, auf 1691 m Höhe mitten in Arosa, nur die Herren, den Damen hatte man den höher gelegenen und kälteren Obersee zugewiesen. Das ist lange vorbei (seit 1920), selbstverständlich springen heute auch die Badenixen im alpinen Strandbad in den idyllisch gelegenen, von mächtigen Fichten gesäumten Untersee. Ein Highlight für Familien ist das beheizte Solarplanschbecken mit Wasserspielfiguren, wo die kleinen und grösseren Kinder nach Herzenslust toben dürfen.

3

Ungewöhnlich ist der Sandstrand, in den Teile der Strandwiese umgewandelt wurden – er ist gross genug, um mehreren Beachvolleyballfeldern Platz zu bieten. Ende Juni/Anfang Juli findet hier ein Turnier der Trendsportart statt. Aber keine Sorge, die verbliebene Liegewiese bietet immer noch Platz genug! Für Sonnenanbeter gibt es Sonnenbretter, für Schwimmer eine 50-m-Bahn sowie je ein 1- und 3-m-Sprungbrett. Eine Spielwiese lädt u. a. zum Frisbee- und Federballspielen ein, auch Tischtennis- und Bocciafreunde kommen auf ihre Kosten. Wer Lust hat, mietet sich ein Boot. Und sollte jemandem der Trubel zu gross werden, kann er sich in den Ruheraum zurückziehen. Kulinarisches bietet das Restaurant Strandbad (grosse Sonnenterrasse!).

Der Eintritt in die Badeanstalt ist mit der Arosa Card gratis. Tagesgäste zahlen dafür 18 Fr. (Kinder 6–15 Jahre 9 Fr., Familienpass 45 Fr.)

weitere Infos

Badebetrieb: Sommersaison, Mitte Juni – Mitte Okt.
Adresse: Badeanstalt Untersee | Unterseeplatz | 7050 Arosa
Telefon: 081 377 13 72
Internet: www.strandbad-arosa.ch (Restaurant)

graubünden

„eau-là-là“ Davos

In atemberaubender Berglandschaft gelegen kann Davos mit Superlativen aufwarten: Der Ferienort mit internationalem Ambiente ist der grösste Bergferien-, Sport- und Kongressort der Alpen, mit 1560 m deren höchste Stadt – ein Höhenkurort mit langer Tradition. Und sein modernes Wellness- und Erlebnisbad macht ihn zur Oase für Wasserratten, Entspannungsuchende und Gesundheitsbewusste.

Im Erdgeschoss sind die grosszügigen Wasserwelten ein Eldorado für Geniesser und Schwimmmer (25-m-Schwimmerbecken, grosses Aussenbecken, jeweils beheizt). Das Mehrzweckbecken mit variierbarer Wassertiefe ist z. B. für Aquafitness geignet, im grossen Planschbereich vergnügen sich die Kleinsten bei 31–31.5 °C Wassertemperatur. Und die 80-m-Riesenrutschbahn „Black Hole“ ist die Attraktion

4

für die Grösseren und Junggebliebenen. Das alles vor der traumhaften Kulisse des Landwassertals und seiner majestätischen Berggipfel, die dank einer riesigen Glasfront auch von innen zu bestaunen ist.

Auf den beiden Obergeschossen erwartet den Besucher eine Wellnesswelt (Nackt-Zone, Zutritt ab 16 Jahren), die keine Wünsche offenlässt. Das Angebot reicht von diversen Saunen über Kneipp- und Fussbecken, ein Dampfbad mit Sternenhimmel, zwei Solarien und einen zusätzlichen Kaltwasserbereich bis zur Relax-Zone mit Aussicht und Cheminée.

weitere Infos

Öffnungszeiten: Mo – Sa 10 – 22 Uhr, So 10 – 18 Uhr, So Dez. – Ostern 10 – 20 Uhr, Do Damen-Wellnesstag
Adresse: eau-là-là Wellness- und Erlebnisbad | Promenade 90 | 7270 Davos Platz
Telefon: 081 413 64 63
Internet: www.eau-la-la.ch

Engadin Bad Scuol

Im Unterengadin, im engen, von steilen Bergketten umrahmten Tal des Inns, liegt mitten in dessen Hauptort Scuol mit dem 1993 eröffneten Gesundheits- und Erlebnisbad „Engadin Bad Scuol" die grösste Wellnessoase der Region. In zauberhaften Grotten, im Solebad, im Whirlpool, im Aussenbecken und in den Dampfbädern des „Bogn Engiadina Scuol" umsprudelt reinstes Quellwasser Körper, Geist und Seele und macht es zu einer Oase des ganzheitlichen Wohlbefindens.

5

Die grosse Bäder- und Saunalandschaft mit herrlicher Sicht auf die imposanten Berge lädt ein zu höchstem Badegenuss. Sechs Innen- und Aussenbäder mit Massagedüsen, Sprudel, Wasserfällen und Wasserstrom, ein Solebecken, ein Dampfbad (textil) und eine Reihe weiterer Attraktionen innen und aussen erfüllen höchste Ansprüche.

Und im märchenhaft gestalteten ersten Römisch-Irischen Bad der Schweiz (Nacktbereich) geniessen Sie an 16 Stationen ein mehrstündiges Baderitual mit Wellnessmassage – eine Attraktion der ganz besonderen Art!

weitere Infos

Öffnungszeiten:	tgl. 8 – 22 Uhr
Adresse:	Bogn Engiadina Scuol (BES) SA | Via dals Bogns 323 | Postfach 57 | 7550 Scuol
Telefon:	081 861 26 00
Internet:	www.bognengiadina.ch

Entspannt

6

Wellnessbad H2Lai Lenzerheide

In der idyllischen, parkähnlichen Landschaft des Hochtals von Lenzerheide ist das Wellnessbad H2Lai eine Oase für Wassersportler, Geniesser und Gesundheitsbewusste. Auch für die Kleinen bietet es einen unvergesslichen Badeplausch.

Die Wasserwelt des H2Lai lockt mit einem 25-m-Schwimmerbecken und dem 175 m² grossen Aussen-Sprudelbad mit Massageliegen, Stehsprudel- und Massagedüsen, Nackenduschen und ganzjährig mit einer Wassertemperatur von 35 °C. Für die Kleinen gibt's ein Planschbecken (32 °C), die Älteren vergnügen sich auf der 85-m-Rutschbahn „Black Hole".

Die Wasseraufbereitung im H2Lai beruht übrigens auf der „Grander Wasserbelebung", durch die das Wasser spürbar weicher und der Chlorgeruch reduziert werden.

Im Wellness- und Saunabereich lassen Finnische, Bio-Soft- und Blockhaus-Sauna, Dampfbad und Kneippbecken, Solarium und Whirlpool keine Wünsche offen. Und in der Relax-Zone geniesst man die wunderschöne Aussicht auf die Bergwelt.

Abstecher: Im Sommer lockt in unmittelbarer Nähe der idyllische Heidsee, dessen Wassertemperatur dann auf gut 20 °C steigen kann, und lädt zum Baden und zu verschiedenen Wassersportaktivitäten ein. Am linken Seeufer im „Lido" wurde mit Sandstrand und zahlreichen Attraktionen (u. a. Piratenschiff und Hängebrücke) eine Badebucht angelegt.

weitere Infos

Öffnungszeiten:	Mo – Fr 10 – 22 Uhr, Sa, So und Feiertage 10 – 20 Uhr
Adresse:	Lenzerheide Sportzentrum | Dieschen Sot | 7078 Lenzerheide
Telefon:	081 385 21 85
Internet:	www.lenzerheide.com/de/region/wellness-fitness/sportzentrum

7

Bad Alvaneu

Nicht weit von Lenzerheide entfernt kann man im Albulatal mit Blick auf die Berge die Wirkung des Wassers der zweitstärksten Schwefelquelle Europas spüren. Das Bad Alvaneu verfügt über ein Innen- und Aussenbad, dessen Wassertemperatur konstante 34 °C aufweist und von der Alvaneuer Schwefelquelle – einer bedeutenden Heilquelle – gespeist wird. Wellnessanwendungen wie Dampfbad, Solarium, Sauna, Sprudeltöpfe und -liegen runden das Angebot ab.

Entspannt

weitere Infos

Öffnungszeiten: **Thermalbad** Mo – So 10 – 20 Uhr (Fr bis 21 Uhr) | **Saunalandschaft** Mo – So 10 – 20 Uhr (Fr bis 21 Uhr) | **Damensauna** Di 17 – 20 Uhr
Adresse: 7473 Bad Alvaneu
Telefon: 081 420 44 00
Internet: www.bad-alvaneu.ch

8

Familienbad Zernez

Das malerische Engadiner Dorf Zernez ist das Tor zum Schweizerischen Nationalpark – dem grössten Schutzgebiet der Schweiz. Zernez ist aber auch ein idealer Ausgangspunkt, um das Engadin und das Dreiländereck Schweiz – Italien – Österreich zu erkunden.

Mitten im Ort lädt – klein, aber fein – das Familienbad Zernez mit attraktiven, familienfreundlichen Anlagen und einem Aussenbecken ein. Mit Strömungskanal, Sprudelmassageliegen, Stehsprudelbecken, Unterwassermassagedüsen und Schwallduschen ausgestattet hat es eine angenehme Wassertemperatur von 34 °C. Weiter bieten ein 25-m-Becken sowie ein Kinder-Planschbecken mit Rutschbahn und Wasserfall Erholungsmöglichkeiten nach einem anstrengenden Tag in der Natur.

weitere Infos

Öffnungszeiten:	Di 13.30 – 18 Uhr, Mi 13.30 – 21 Uhr (13.30 –16 Uhr Spielnachmittag), Do 10 – 21 Uhr (10 – 13.30 / 19 – 21 Uhr nur für Erwachsene), Fr 13.30 – 21 Uhr, Sa/So 13.30 – 18 Uhr
Adresse:	Familienbad Zernez | Urtatsch 4-A | 7530 Zernez
Telefon:	081 856 12 95
Internet:	www.familienbad.ch

graubünden

9

7132 Therme, Vals

Tief hinten im Valsertal, einem Seitental der Surselva südlich von Ilanz, liegt auf 1250 m Höhe das Bergdorf Vals. Rund um den Dorfplatz stehen noch ursprüngliche und mit Steinplatten aus Valser Quarzit gedeckte Walserhäuser. Der ruhige Bündner Ferienort bietet Wandervergnügen, Wintersportmöglichkeiten am Dachberg ... und ein hochmodernes architektonisches Highlight, das Architekturbegeisterte aus aller Welt in das kleine Dorf in dem Bündner Tal lockt. Denn da hat ein eigenwilliger Architekt ein Kurbad gebaut, aus purem Stein, grünlich, tonnenschwer. Und ganz nebenbei ist die „7132 Therme" in Vals auch ein Wellnesstempel.

Stein auf Stein geschichtet, mit Licht formvollendet in Szene gesetzt, in den Berg und in die Landschaft hineingebaut, das ist die grüne „7132 Therme" in Vals. Sie ist aus 60 000 einheimischen Quarzit-Stücken gebaut. Zusammen bilden sie ein mystisches, sinnliches und erstaunlich leichtes Gefäss für die warmen Thermalwasser, die versetzt mit heilsamen Mineralien im Valser Tal entspringen.

Stein, Wasser in verschiedenen Temperaturen (Innenbecken 32 °C, Aussenbecken 30 °C bis 36 °C) und die Lichteinstrahlung, die sich während des Tages verändert, verwandeln die Therme Vals in einen mystischen Ort der Ruhe. Blütenbad, Klanggrotte, Kalt- und Feuerbad, Dampfbäder und Trinksteine reihen sich im Felsbau aneinander, dem ersten Bauwerk der Schweiz, das kurz nach der Eröffnung unter Denkmalschutz gestellt wurde. Und dessen Architekt Peter Zumthor dafür die weltweit bedeutendste Architekturauszeichnung erhielt.

weitere Infos

Öffnungszeiten:	Mo – So 11 – 20 Uhr | 7 – 11 Uhr ausschliesslich für Hotelgäste | Baden bei Nacht für Hotelgäste So, Mi und Fr 23 – 0.30 Uhr
Adresse:	7132 Therme | 7132 Vals
Telefon:	058 713 20 10
Internet:	www.7132.com

Aquandeer – Mineralbad Andeer

Der Kurort Andeer ist bekannt für den grün schimmernden „Andeer Granit", der in alle Welt exportiert wird – und für seine Heilquelle und das Mineralbad. Hier entspannt man in der wunderschönen Bergwelt des Val de Schons. Schon seit 700 Jahren wird die Heil- und Regenerationskraft des Mineralwassers am Ort genutzt. Nach einer 14-jährigen Pause des Badebetriebs wurde 1982 das Mineralbad Andeer eröffnet – mit dem Anspruch, sowohl dem körperlichen als auch dem seelischen Wohlbefinden zu dienen. Angeboten werden Innen- und Aussenbecken, Whirlpool, Sauna und Massagen. Tagsüber geniesst man vom Aussenbecken aus den Blick auf die Landschaft des Schamsertals, bei Dunkelheit erfahren die Gäste bei konstanten 34 °C Wassertemperatur unter funkelnden Sternen ein „kosmisches" Badeerlebnis.

weitere Infos

Öffnungszeiten:	Mineralbad: tgl 8 – 21 Uhr (bis 11 Uhr nur für Erwachsene) Sauna-Landschaft: Mo – Fr 11 – 21 Uhr, Sa/So 10 – 21 Uhr, Mo ab 18 Uhr nur für Damen
Adresse:	Mineralbad Andeer | Veia Granda 1 J | 7440 Andeer
Telefon:	081 661 18 78
Internet:	www.mineralbad-andeer.ch

Entspannt

Abstecher: Nur einen Katzensprung vom Mineralbad Andeer entfernt empfängt im Sommer das familienfreundliche Freibad Andeer (beheizt) seine Gäste. Die romantische, mitten in der Natur gelegene Anlage lädt zum Planschen, Schwimmen und Sonnenbaden ein.

weitere Infos

Öffnungszeiten:	Juni – Aug. tgl. von 10 – 19 Uhr (bei guter Witterung)
Adresse:	Freibad Andeer | 7440 Andeer
Telefon:	081 661 17 58

Badesee Lai Barnagn

Der auf 1159 m Höhe am Ortsrand von Savognin gelegene Lai Barnagn ist ein Badesee wie aus dem Bilderbuch. Das glasklare Wasser bietet im Sommer Abkühlung und Spass für die ganze Familie. Schon früh im Sommer erreicht das Wasser eine angenehme Temperatur. Nach einer Wanderung oder einer Biketour im Parc Ela, dem grössten Naturpark der Schweiz, kann sich die ganze Familie herrlich darin abkühlen und den Tag am Grill mit einer Wurst ausklingen lassen. Im Lai Barnagn kann man aber nicht nur schwimmen, sondern sich auch an Land sportlich betätigen: Neben einem Beachvolleyballfeld und Minigolfparcours stehen Pedalos und eine Slackline zum Balancieren bereit.

11

weitere Infos

Öffnungszeiten:	Vorsaison (Anfang – Mitte Juni) 10 – 17 Uhr | Hauptsaison (Mitte Juni – ca. Mitte Aug.) 9 – 19 Uhr | bei guter Witterung ab Mitte Juli bis 22 Uhr offen | Nachsaison bis Saisonende 10 – 17 Uhr
Adresse:	Badesee Lai Barnagn | Veia Barnagn | 7460 Savognin
Telefon:	081 684 19 31
Internet:	www.savognin.ch

Entspannt

Mineralbad und Spa Samedan

12

Das Mineralbad und Spa Samedan liegt mitten im historischen Dorfkern von Samedan, angebaut an die denkmalgeschützte Kirche. Es ist das erste vertikale Mineralbad der Schweiz. Bei einem Besuch erlebt der Gast auf insgesamt fünf Geschossen in labyrinthartig angeordneten, rundum mit Mosaiken ausgelegten Bade- und Dampfräumen und -nischen nacheinander eine

weitere Infos

Öffnungszeiten:	Mo 13 – 20.30 Uhr, Di – So 10 – 20.30 Uhr | Eintritt Kinder bis 17 Uhr | Die Bäder und Dampfbäder müssen ½ Stunde vor Schliessung verlassen werden.
Adresse:	Mineralbad & Spa Samedan | San Bastiaun 3 | 7503 Samedan
Telefon:	081 851 19 19
Internet:	www.mineralbad-samedan.ch

Vielzahl von Bade- und Reinigungsritualen. Den Höhepunkt bildet das Dachbad unter freiem Himmel – mit Blick auf die Bergwelt ringsum. Zum Abschluss des Baderundgangs geht's zurück ins zweite Obergeschoss, wo man sich bei Tee und frischem Quellwasser und Ausblicken über Samedan und in die Berge entspannt. Das Badewasser wird übrigens aus einer Heilquelle in 35 m Tiefe unter dem Bad entnommen.

Entspannt

Bellavita Erlebnisbad und Spa Pontresina

Dieses Erlebnisbad und Spa inmitten der Bergwelt bietet neueste Indoor- und Outdoor-Bädertechnik, Entspannung pur und Vergnügen für die Kleinen. Kinder lieben die 75 m lange Black-Hole-Rutschbahn und den Wasserspielgarten, während sich die ganz Kleinen im Planschbecken oder im Sandkasten vergnügen. Die Erwachsenen entspannen sich derweil im 25-m-Schwimmbecken, im 34 °C warmen Aussenbecken, in der hauseigenen Spa-Landschaft mit Saunen und einem Dampfbad (Nacktbereich) oder bei einer Massage.

13

weitere Infos

Öffnungszeiten:	Mo, Di, Do, Fr 10 – 22 Uhr, Mi 9 – 22 Uhr, Sa/So 10 – 21 Uhr | Frühschwimmen ab 16 J. Mi 6 – 9 Uhr, Do 8 – 10 Uhr
Adresse:	Bellavita Erlebnisbad und Spa | Via Maistra | 7504 Pontresina
Telefon:	081 837 00 37
Internet:	www.pontresina-bellavita.ch

graubünden

14

Lago di Saoseo

Hoch oben im Valposchiavo, auf halbem Weg zwischen Bernina-Passhöhe und Poschiavo, zweigt ein Strässchen ab ins idyllische Val di Campo, ein Naturschutzgebiet voller Ruhe und von einzigartigem Zauber. Zwischen Lärchen- und Arvenwäldern schlängelt sich der Weg über offene Alpweiden hinauf zur Alpe Campo mit ihren wunderbaren Seen.

Nur den Wanderern zeigen sich die versteckten Wunder dieser Landschaft. Unglaublich, fast wie eine optische Täuschung, wirkt das intensive, leuchtende Kobaltblau des Lago di Saoseo. Und wie ein dunkelviolettes Auge schmiegt sich der Lago di Viola in die sanfte Mulde am Fusse des Scima da Saoseo, dessen zerfurchte Gratlinie einen reizvollen Kontrast bildet zu den samtigen Weiden, stillen Seen und lichten Arven- und Lärchenwäldern des Val di Campo.

weitere Infos

Badebetrieb:	Sommersaison
Anreise:	Juni bis Oktober Bustransport von Sfazù an der Berninastrasse bis Rifugio Saoseo. Reservation obligatorisch (Tel. 081 844 10 42). Von Rifugio Saoseo per Wanderung (ca. 20 Min.) zum See.
Internet:	www.valposchiavo.ch

16
15
19
23
Schaffhausen
Stein am Rhein
Frauenfeld
Bülach
Winterthur
Zürich
Uster
Wädenswil
Rapperswil
Pfäffikon
Gla

Ostschweiz

Zürich

15

Die Rhybadi (Rheinbad)

Die Rhybadi ist ein wunderschönes historisches Holz-Kastenbad im Rhein und seit über 140 Jahren der Badeort der Einheimischen. Es ist ein Glücksfall, dass die Anlage immer sorgfältig und mit Rücksicht auf die ursprüngliche Architektur renoviert wurde. Das Bad verfügt über Sprungbretter in verschiedenen Höhen und mehrere Becken, in denen man sich nach Herzenslust treiben lassen und dabei die spektakuläre Aussicht auf die Festung Munot geniessen kann: „Frauenhägli", „Männerhägli" und „Spitz" lauten ihre Namen. Letzteres ist mit seinem Zwischenboden aus Holzplanken auch für Nichtschwimmer geeignet. Ausserdem gibt es ein Solarium und eine Finnische Sauna. Bei schlechtem Wetter ab 13 Uhr geschlossen, was mit der eingezogenen Fahne angezeigt wird.

weitere Infos

Öffnungszeiten:	Mai/Sept. So – Do 8 – 21 Uhr, Fr/Sa 8 – 22.30 Uhr, Juni So – Do 8 – 22 Uhr, Fr/Sa 8 – 23 Uhr | Juli/Aug. So – Do 8 – 22 Uhr, Fr/Sa 8 – 23.30 Uhr
Adresse:	Rhybadi | Rheinuferstrasse 1 | 8200 Schaffhausen
Telefon:	052 625 19 90
Internet:	www.rhybadi.ch

KSS Freizeitpark Schaffhausen

Raus aus dem Alltag und rein ins Vergnügen! Ohne Jetlag und ohne Stau. Die KSS ist das sommerliche Ferienparadies für schöne Stunden und die Erholungs- und Sportoase im Winter.

In der warmen Jahreszeit gibt es draussen vielfältige Attraktionen zum Planschen und Schwimmen für jede Altersklasse, z. B. eine Wildwasserrutschbahn, eine 50-m-Black-Hole-Wasserrutschbahn, einen Whirlpoolkanal, ein Nichtschwimmerbecken, ein Schwimmbecken sowie Grillstellen und vieles andere. Wer neben Erlebnis und Vergnügen auch Erholung sucht, ist im Wellnessbereich der KSS namens „Aisuma" richtig. Entspannung bieten hier verschiedene Saunen, das Blockhaus, das Dampfbad, der Ruheraum und die Liegeterrasse.

16

weitere Infos

Öffnungszeiten:	**Hallenbad** tgl. 8 – 21 Uhr | **Freibad** tgl. 8 – 21 Uhr | **Aisuma** Mo – Fr 9 – 22, Sa 9 – 20 Uhr, So 9 – 19 Uhr
Adresse::	KSS Freizeitpark | Breitenaustrasse 117 | 8200 Schaffhausen
Telefon:	052 633 02 22
Internet:	www.kss.ch

17

Strandbad Buchhorn

Nur 10 km von St. Gallen entfernt liegt das historische Städtchen Arbon, dessen Pfahlbaudörfer zum UNESCO-Weltkulturerbe zählen. Zu den Attraktionen des Ortes zählen aber auch seine beiden Bäder. Zunächst wäre da das etwa 1,5 km vom Ortszentrum entfernte, idyllisch gelegene Strandbad Buchhorn, das der Schweizer Heimatschutz als eines der schönsten Bäder der Schweiz ausgezeichnet hat. Die Architektur der in den 1920er- und 1930er-Jahren entstandenen, sehr gut erhaltenen Anlage ist mit seiner schlichten, klaren Formgebung stark vom Bauhaus beeinflusst.

Attraktionen wie Wasserrutschen und Sprungtürme hat das reine Seebad nicht zu bieten, und so geht es hier meist ruhig und beschaulich zu. Grosse Liegewiesen, die am Seeufer von alten Platanen beschattet sind, bieten den Gästen ausreichend Platz – bei Bedarf mietet man einen Sonnenschirm. Für die ganz Kleinen gibt es ein Planschbecken mit Sonnensegel, für die etwas Grösseren einen Spielplatz, dazu ein Rasen-Volleyballfeld. Wer auf's Wasser hinaus will leiht sich ein Boot oder ein Stand-up-Paddle, eine besonders gute Aussicht auf den See bietet die Sonnenterrasse.

weitere Infos

Öffnungszeiten:	Mitte Mai – Mitte Juni tgl. 10-19 Uhr, Mitte Juni – Mitte Aug. tgl. 9-20 Uhr, Mitte Aug – Anfang Sept. tgl. 10-19 Uhr
Adresse:	Strandbad Buchhorn | Seeweg | 9320 Arbon
Telefon:	Bad: 071 446 13 33 | Restaurant: 071 446 17 60
Internet:	www.arbon.ch/freizeit_tourismus/strandbad

Schwimmbad Arbon

Keine 2 km südöstlich, nahe dem Zentrum von Arbon, erwartet direkt am See das Strand- und Freibad Arbon seine Gäste. In diesem modernen Schwimmbad mit mehreren grossen Becken geht es deutlich lebhafter zu als im Strandbad Buchhorn. Highlights sind die Riesenrutschbahn und das Sprungbecken mit 1-, 3-, 5- und 10-m-Sprunganlage. Nichtschwimmer- und 50-m-Schwimmerbecken sowie eine grosse Planschanlage für Kleinkinder runden das Angebot für Wasserratten ab – jedenfalls „an Land". Über Treppen hat man zudem Zugang zum Bodensee, in dem Flosse zum Sonnenbaden und Relaxen einladen. Am Seeufer liegt der Grillplatz, für's leibliche Wohl wird zudem im Selbstbedienungsrestaurant gesorgt – und gechillt wird auf den grossen Liegewiesen mit altem Baumbestand.

18

Entspannt

weitere Infos

Öffnungszeiten:	Mitte Mai – Mitte Juni 8.30 – 19 Uhr, Mitte Juni – Mitte Aug. 8 – 20 Uhr, Mitte Aug. – Mitte Sept. 8.30 – 19 Uhr
Adresse:	Schwimmbad Arbon | Wassergasse 6 | 9320 Arbon
Telefon:	071 446 16 40
Internet:	schwimmbad-arbon.ch

Thermalbad und Spa Zürich

Tradition trifft auf Moderne: Das Thermalbad & Spa Zürich verwöhnt seine Besucher mit Badefreuden in den faszinierenden historischen Steingewölben der ehemaligen Brauerei Hürlimann sowie in luftiger Höhe im Dachbad unter freiem Himmel.

Tief im Berginnern können die Gäste in hundertjährigen Tonnengewölben in riesigen Fässern aus Holz – eine Anspielung auf die Fässer der ehemaligen Brauerei – entspannen und das Thermalwasser in jeglicher Form mit Massagedüsen, Sprudelsitzen, Sprudelliegen, Massagestrasse, Whirlpools sowie Entspannungsbereich mit Flachwasserzone geniessen.

Weitere Highlights sind das Smaragdbad, das Meditationsbad mit Unterwas-

Kneippanlage im Strandbad Dorfmeilen Wellnesspotenzial hat auch das Kneippen – in der Anlage des Strandbads Dorf in Meilen am Zürichsee kann man vor imposantem Bergpanorama ganzjährig wie ein Storch durchs Wasser stelzen und sich von den runden Steinen am Seeboden sanft die Fusssohlen massieren lassen. Für Ungeübte bietet eine Tafel alle notwendigen Informationen, hin und wieder zeigen Kneippvereinsmitglieder den Gästen im Strandbad die verschiedenen Güsse und verteilen Infoblätter. Zugang über das Strandbad (im Sommer ist Eintritt zu zahlen). Wenn die Badi geschlossen ist, einfach durch das Gittertor neben dem Gebäude gehen. Adresse: Strandbad Dorfmeilen, Seestrasse 720, 8706 Meilen/Dorfmeilen

sermusik sowie das Dampfbad und die Kneippzone. Den absoluten Höhepunkt aber bildet der Aussenpool auf dem Dach des Sudhauses, wo die Gäste das ganze Jahr hindurch das Baden unter freiem Himmel und die atemberaubende Rundumsicht über Zürich und die Bergwelt geniessen können.

Im Spabereich erwartet Sie mit dem zehn Stationen umfassenden „Irisch-Römischen Spa Ritual" bis in die Antike zurückreichende Badekultur. Darüber hinaus gibt es verschiedene Verwöhnangebote (Massagen, Körperpackungen) und Day-Spa-Pakete.

Zudem lädt ein Bistro zum Verweilen ein und bietet eine Auszeit in gepflegter Atmosphäre.

weitere Infos

Öffnungszeiten:	tgl. 9 – 22 Uhr
Adresse:	AQUA-SPA-RESORTS AG | Brandschenkestrasse 150 | 8002 Zürich
Telefon:	044 205 96 50
Internet:	www.thermalbad-zuerich.ch

Badespass im Säntispark (Abtwil)

Ein einzigartiges Vergnügen für Gross und Klein ist die Bäderlandschaft des Säntisparks. Hier ist für jeden etwas dabei – ob Badespass im Wellenbad mit eindrucksvoller Wasserfontäne und tosender Brandungszone oder ruhige Minuten drinnen oder draussen im Solebad mit Sprudelnischen und Massagedüsen (35 °C, mit Badesole aus den Vereinigten Schweizerischen Rheinsalinen).

Ein prickelndes Erlebnis und ein spannendes Abenteuer der Extraklasse bietet auch die vielseitige Rutschenwelt. Seit 2016 hat der Säntispark acht neue Rutschbahnen; die gesamte Rutschenwelt wird aufwendig als grosser Berg inszeniert. Das eigentliche Highlight sind aber ohne Frage die Rutschen selbst: Nichts für „Warmduscher" sind die beiden „Super-G"-Reifen-Rutschen, auf denen man sich heisse Wettrennen liefern kann, die Sturzflug- und die Wirbelwind-Rutsche, die Sternenrausch-Rutsche im Dunklen, die „Säntis-Pipe" – eine Halfpipe-Reifen-Rutsche, eine Neuheit in der Schweiz – und die Wildbach-Reifen-Rutsche.

Ausserdem gibt es noch einen Wildwassercanyon, den Eiskanal, eine Schlangenrutsche sowie eine Breitrutsche, eine Höhlen- und eine Himmelsrutsche. Spass für jede Altersgruppe ist hier also garantiert!

weitere Infos

Öffnungszeiten:	**Rutschenwelt:** Mo – Fr 13 – 22 Uhr, Sa/So 8 – 22 Uhr | **Bäder – und Saunawelt** (inkl. Wildwassercanyon und Kinderbadewelt): Mo – Fr 9 – 22 Uhr, Sa/So 8 – 22 Uhr | **Wellness:** Römisch-Irisches Bad 9 – 22 Uhr | PrivatSpa 8.30 – 22 Uhr | Massagen 9 – 22 Uhr
Adresse:	Freizeitzentrum Säntispark | Wiesenbachstrasse 9 | 9030 Abtwil
Telefon:	071 313 15 15
Internet:	www.saentispark-freizeit.ch

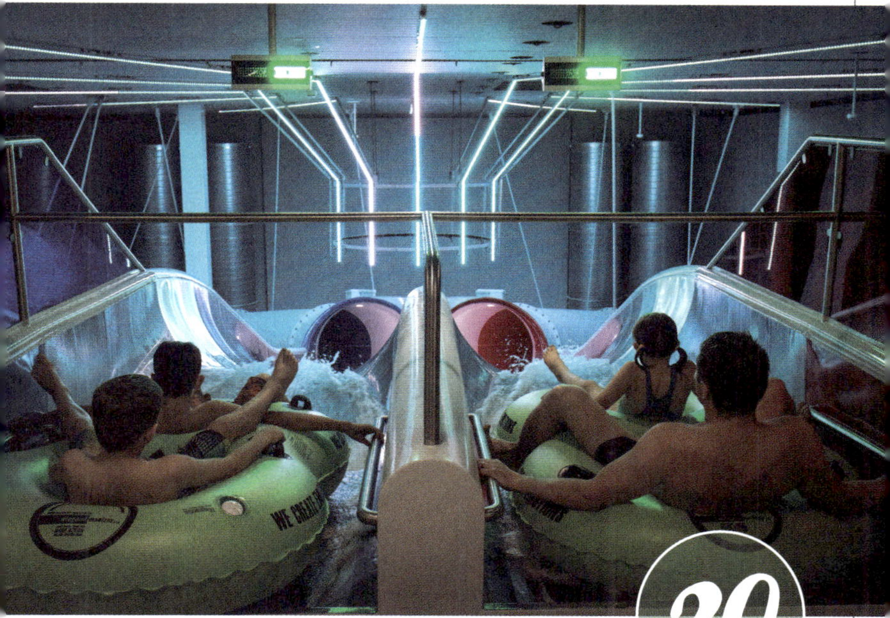

20

Entspannt

Im Wellnessbereich entführt das Römisch-Irische Bad mit 12 Wohlfühlstationen seine Gäste in den Himmel der Entspannung. Die wechselnden Temperaturen der Heissluftbäder und die hohe Luftfeuchtigkeit stärken die Immunabwehr. Der Körper wird entschlackt, die Durchblutung angeregt und die Haut fühlt sich sanft und geschmeidig an. Eine weitere Attraktion ist das grosse Saunadorf mit Innen- und Aussenbereich sowie Naturbadeteich. Zudem gibt es diverse Shopping-Möglichkeiten und auch ein Fitnesscenter.

Barfussweg von Jakobsbad nach Gontenbad Etwa 18 km vom Säntispark entfernt werden die Füsse auf dem knapp 5 km langen Barfussweg zu Sinnesorganen. Nahe beim Bahnhof Jakobsbad geht's los, „Barfussweg"-Schilder weisen den Weg. Schritt für Schritt läuft man über Torf und Moor, Wiesen und Bäche sowie kurze steinige oder asphaltierte Streckenabschnitte. Unterwegs gibt es einige Kneippstationen. Nach etwa 1,5 Std. ist Gontenbad erreicht – wenn man sich nicht zwischendurch an einer der Feuerstellen zum Bräteln und Verweilen niederlässt. Weitere Infos: Appenzellerland Tourismus AI, Hauptgasse 4, 9050 Appenzell; Tel. 071 788 96 41, www.appenzell.ch.

Drei Weieren St. Gallen

Die „Drei Weieren“ – Mannenweier, Buebenweier und Frauenweier – bilden abgeschirmt vom Trubel eine Oase der Ruhe inmitten der Stadt. Die ursprünglich vom Kloster zur Wasserversorgung angelegten Weiher sind mit ihren Jugendstil-Badehäuschen ein beliebtes Ausflugsziel und im Sommer ein gern genutztes Freibad.

Im Süden der Stadt, auf einem Hochplateau unterhalb des Freudenbergs, erstreckt sich diese liebliche Weiherlandschaft. Sie ist neben dem geschätzten Naherholungsraum für die Stadtbewohner Teil eines zusammenhängenden Schutzgebietes, das sich am ganzen Südhang der Stadt entlangzieht.

Von den ursprünglich fünf Weihern sind vier erhalten – drei grosse und ein kleiner. Sie wurden zwischen dem 17. und 20. Jahrhundert angelegt und dienten als Löschwasserspeicher bei Feuersbrünsten und den städtischen Bleichen als Wasservorrat. Mittels eines Schiebers wurde das Wasser über den Müleggweier in die Steinach und weiter in die Stadt geleitet.

Die Weiher sind im Sommer beliebte Badeorte für die Einheimischen und im Winter Treffpunkt für Eislaufbegeisterte. Aber auch für Spaziergänger ist die Weiherlandschaft zu jeder Jahreszeit attraktiv, nicht zuletzt wegen der sich bietenden fantastischen Ausblicke auf die Stadt.

21

weitere Infos

Öffnungszeiten:	Anfang Mai – Mitte Sept. tgl. 9 – 19 Uhr
Adresse:	Familienbad Dreilinden | Dreilindenstrasse 50 | 9011 St. Gallen
Telefon:	071 224 42 00
Internet:	www.st.gallen-bodensee.ch

Appenzeller Heilbad

Was kann es Schöneres geben als sich hoch über dem Bodensee vom warmen Wasser aus einer Schwefel- und Mineralquelle umspülen zu lassen und dabei die unberührte Natur zu erleben?

Das Wasser des 2017 renovierten Appenzeller Heilbads (zuvor: Heilbad Unterrechstein) entspringt einer geschichtsträchtigen, seit über 300 Jahren genutzten Schwefel- und Mineralquelle. Es wird in 65 m Tiefe gefasst und mit einer Holzschnitzelheizung erwärmt. Die weitläufige Bäderlandschaft besteht aus einem Innenbad mit Sprudelecke, Nackenstrahl und Massagedüsen sowie einem Aussenbad mit Sprudelliege, Sprudeltopf, Nackenstrahl und Massagedüsen. Sowohl innen als auch aussen ist das Wasser gleichbleibend 34 °C warm. Dazwischen liegen zwei Grotten mit Wassertemperaturen von 23 und 38 °C, die zum Kneippen einladen.

Eine grosszügig gestaltete Saunalandschaft mit Aussensauna, Kräutersauna, Sole-Dampfbad, diversen Abkühlbereichen, Saunagarten und einem grosszügigen Ruheraum runden das Angebot ab.

weitere Infos

Öffnungszeiten:	Mo – Fr 9 – 22 Uhr, Sa/So 9 – 20 Uhr
Adresse:	Appenzeller Heilbad | 9410 Heiden
Telefon:	071 898 33 88
Internet:	www.heilbad.ch

Abstecher: Mit seinem Kräutergarten ist das Appenzeller Heilbad eine Station am „Gesundheitsweg“, der auf insgesamt etwa 18 km die Orte Heiden, Kaien, St. Anton und Oberegg verbindet. Sanfte Hügel, sattes Grün – könnte es eine bessere Kulisse für einen Gesundheitsweg und Kräuterspaziergang geben? 80 Infotafeln beschreiben Heilpflanzen und Naturheilverfahren. Nähere Infos: Tourist Information Heiden, Bahnhof, 9410 Heiden, Tel. 071 898 33 01

23

Wasserspass im Alpamare

Echte Wasserratten sollten sich Europas grössten überdachten Wasserpark mit den europaweit längsten Wasserrutschbahnen in Pfäffikon im Kanton Schwyz auf keinen Fall entgehen lassen – viel Spass und Action sind hier garantiert. Doch auch für Ruhesuchende ist das Alpamare mit seinem modernen Wellnessbereich sehr zu empfehlen.

Das Alpamare ist ein Wasserpark der Superlative. Es bietet insgesamt elf Rutschbahnen mit einer Gesamtlänge von 1800 m. Hier heisst das Motto: Action und Adrenalin pur! Die spektakulären Rutschen – Icexpress, Cobra, Cresta, Canyon, Mini Canyon, Alpabob, Wildwasser, Thriller, Doppelbob Splash Pipe, King Cone, Balla-Balla und Tornado – lassen Sie ganz sicher den Alltag vergessen.

Weitere Highlights sind das Brandungswellen-Hallenbad mit über 1 m hohen Wogen, das Rio-Mare-Flussfreischwimmbad, die Alpa-Therme mit Whirlpools und die 36 °C warme Jod-Sole-Therme.

Wer Erholung braucht, findet sie in der grosszügigen Saunalandschaft mit Biosauna, Finnischer Sauna und Erlebnissauna mit Spezialaufgüssen oder im Dampfbad mit Lichteffekten. Diverse Beautybehand-

weitere Infos

Öffnungszeiten:	Mo – Do 10 – 22 Uhr, Kleinkinderparadies bis 19 Uhr | Fr/Sa 10 – 23 Uhr, Kleinkinderparadies bis 21 Uhr | So 10 – 21 Uhr
Adresse:	Alpamare Wasserpark | Gwattstrasse 12 | 8808 Pfäffikon
Telefon:	055 415 15 15
Internet:	www.alpamare.ch

lungen – z. B. Körperpackungen und Körperpeelings –, Massagen sowie verschiedene Fitnessangebote (Aquacycling, Zumba,

TRX®, Aquawellness&Aquapower, Powerplate) und ein Shop mit Mietartikeln runden das Vergnügungsangebot des Alpamare ab.

Im Grillrestaurant kann man das ganze Jahr in Badekleidern selbst grillieren oder im Restaurant Rio mit neuem Wintergarten allerlei Snacks und Salate geniessen. Mit Aussicht auf den Zürichsee und die Berge steht eine grosse Liegewiese mit 200 Gratis-Liegestühlen zur Verfügung.

Abstecher: Ein kostenloses Badevergnügen mit einem herrlichen See- und Bergpanorama bietet das Strandbad Pfäffikon am Zürichsee, ein Seebad mittlerer Grösse mit ca. 80 m Kieselstrand, einem kleinen Planschbecken, Kinderspielplatz, einem 1-m-Sprungbrett und einer kurzen Kinderrutschbahn auf einem Floss sowie einer Sonnenterrasse. Die Seeanlage mit Liegestuhlvermietung, Kino am See und Beachvolleyball-Angeboten befindet sich gleich nebenan.

weitere Infos

Öffnungszeiten:	Anfang Mai – Mitte Sept. 10 – 19 Uhr | Sommerferien 10–20 Uhr | bei schlechter Witterung verkürzte Öffnungszeiten
Adresse:	Strandbad | Unterdorfstrasse | 8808 Pfäffikon SZ
Telefon:	055 410 69 69
Internet:	www.badiamsee.ch

24

Tamina Therme Bad Ragaz

Den Alltag hinter sich lassen und Entspannung in einer traumhaften Umgebung zu geniessen – das bietet der freundliche, leicht erreichbare Kur-, Wellness- und Ferienort Bad Ragaz. Seine Hauptattraktion ist die heisse Tamina-Quelle, die aus der nahe gelegenen Schlucht sprudelt. Bei einer Temperatur von 36.5 °C lädt Europas wasserreichste Akratotherme (geringer Gehalt an gelösten Stoffen, Temperatur über 20 °C) zum totalen Badevergnügen ein. Dafür sorgen u. a. zwei Innenbäder und ein Aussenbad, ein Strömungskanal und ein Wasserfall, Sprudelliegen, Whirlpools, Wassergrotten sowie verschiedene Massagedüsen.

Auch die einzigartige Saunalandschaft in der Tamina Therme bietet jede Menge Abwechslung. Den Gästen stehen hier – je nach individuellem Hitzeempfinden und -bedürfnis, ganz unterschiedliche Saunen und Dampfbäder zur Verfügung, die von 45 °C bis 90 °C variieren. Dazu gehören die Aufguss-Aussensauna Nera, die Finnische Aussensauna, die Bio-Kräutersauna,

weitere Infos

Öffnungszeiten:	**Thermalheilbad** Mo – So 8 – 22 Uhr | Fr 8 – 23 Uhr | **Saunalandschaft** Mo – So ab 10 Uhr | Juni – Aug. Mo – Do ab 13.30 Uhr | **Tamina Wellness** Mo – So 9 – 20 Uhr
Adresse:	Tamina Therme | 7310 Bad Ragaz
Telefon:	081 303 27 40
Internet:	www.taminatherme.ch

das Dampfbad sowie Erlebnisduschen, Wärmeliegen, Fussbäder, Ruheräume, Entspannungsliegen ... Und in der Saunabar „La Ruga" werden zwischendurch kleine Snacks und kalte Getränke serviert.

Auch Wellness-Fans werden hier verwöhnt – mit entspannenden Massagen und vitalisierenden Beauty-Treatments.

Wasserwald und Vogeldörfli Pizol

25

Der wunderschön angelegte Wasserspielplatz liegt in einer idyllischen Waldlichtung mit Bach und Wasserfall auf der Furt am Pizol – ein erfrischendes Familienziel in der Ferienregion Heidiland. Im Wasserwald gibt es Kanäle, Wasserspritzen und Kugelbahnen für herrlich nassen Kinderspass. Gleich neben der Lichtung liegt das Vogeldörfli, ein Freilichtmuseum mit selbstgebauten Vogelhäusern. Kinder können vor Ort selbst ein Vogelhüsli bauen und dieses ausstellen. Zum Spielplatz Wasserwald gelangt man mit der Gondelbahn von Wangs bis zur Bergstation Furt. Vom Bergrestaurant sind es noch fünf Minuten zu Fuss.

weitere Infos

Betriebszeiten:	Sommer: Mo – Fr 8.15 – 12 Uhr u. 13 – 17.30 Uhr, Sa/So 8.15 – 17.30 Uhr
Adresse:	Pizolbahnen AG | Loisstrasse 50 | 7310 Bad Ragaz
Telefon:	081 300 48 30
Internet:	pizol.com

Der Heidipfad mit Kinder-Kneippanlage und Barfusspfad ist für Familien ein tolles Ziel. Los geht's in der Talstation in Bad Ragaz hinauf zur Bergstation Pardiel. Oben wird entlang des gut ausgebauten Pfads auf Bildtafeln die Heidigeschichte erzählt, mit Blick auf alle Orte, welche Johanna Spyri in ihrem Buch beschreibt. Die Rundwanderung dauert 60 bis 90 Minuten. www.pizol.com

27
28
29
30
Pfäffiko
Zug
Feusisberg
Sursee
Einsiedeln
Küssnacht
Luzern
Rigi Kaltbad
Schwyz
Schüpfheim
Morschach
Stans
Flüelen
Sarnen
Altdorf
Engelberg
Andermatt

Zentralschweiz

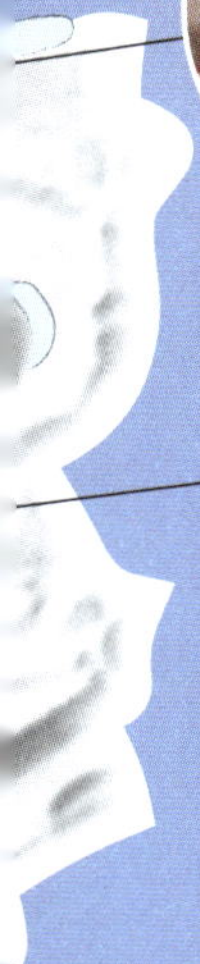

Zentralschweiz

Panorama Resort & Spa Feusisberg

Das Panorama Resort & Spa an bester Lage und nur 30 Min. von Zürich entfernt, leicht erreichbar und mit schönstem Panoramablick über den Zürichsee und die Berge, garantiert Erholung der Superlative. Das exklusive Akari Spa bietet auf über 2000 m² eine Wellness- und Wellfeelingoase mit Innen- und Aussenpool, Whirlpools, 7 verschiedenen Saunen und Dampfbädern, professionellem Fitnessbereich mit Sportlektionen, Erholungs- und Regenerationsbereichen, Erlebnisduschen, Kneippbach, Fusssprudelbecken, Snack-Buffet und vielem mehr. Im Panorama Resort & Spa Feusisberg haben Sie die Wahl, in drei komplett verschiedene Zimmerwelten einzutauchen: orientalisch-sinnlich, asiatisch-meditativ oder kontinental-urban. Die Faszination der Anlage erlebt man auch im Glasaufzug auf dem Weg in die elegante Lounge und im Lifestylerestaurant mit fantastischer Aussicht.

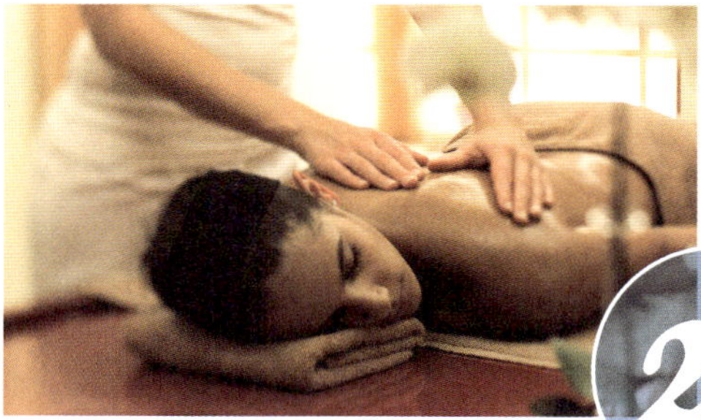

26

Entspannt

weitere Infos

Öffnungszeiten: Fitness und Pool 6 – 22 Uhr | Therme 10 – 22 Uhr | Kosmetik, Massagen, Private Spa Rooms 10 – 20 Uhr
Adresse: Panorama Resort & Spa | Schönfelsstrasse | 8835 Feusisberg
Telefon: 044 786 00 00
Internet: www.panoramaresort.ch

27

Ufschötti/Luzern

In der Ufschötti – der offizielle Name lautet „Strandbad Aufschütte" – tummelt sich im Sommer, nur wenige Gehminuten vom Bahnhof entfernt, halb Luzern auf den weitläufigen Rasenflächen mit tollem Ausblick auf den Vierwaldstättersee. Ein fast 200 m langer Sandstrand bietet auch für Kleinkinder ein Maximum an Meerfeeling. Neben Schwimmen und anderen sportlichen Betätigungen wie Fussball, Frisbee, Volleyball und Badminton ist hier vor allem eines angesagt: Chillen. Für das leibliche Wohl der Badefreunde und Sonnenanbeter sorgen ein Kiosk und – bei Hochbetrieb – die fahrbare „Beach Bar".

weitere Infos

Öffnungszeiten:	1. Nov. bis Ostern geschl. | Nur bei gehisster SLRG-Flagge ist der Strand bewacht. | Eintritt frei
Adresse:	Strandbad Aufschütte – „Ufschötti" | Alpenquai | 6005 Luzern
Internet:	www.luzern.com/de/ufschoetti

28

Fitnesspark National Luzern

Neben dem Hotel „National“ an der Luzerner Seepromenade setzt man auf die Symbiose von Fitness und Wellness. Im Wellnessbereich erwarten Sie in den „Bäderwelten“ Massagepool, Erholungsbad, Orientalisches Bad und das Gartenbad mit Ruhezone und Blick auf die Stadt. Die „Saunawelten“ bieten Aufguss-Sauna, Trockensauna, Sanarium und Eukalyptus-Dampfbad. In der „Salz-Lounge“ pflegen Sie Atemwege und Haut. Eine Reihe von Massagen rundet das Angebot ab.

weitere Infos

Öffnungszeiten:	Mo – Fr 7 – 23 Uhr, Sa/So 8 – 22 Uhr
Adresse:	Fitnesspark National Luzern | Haldenstrasse 23 | 6006 Luzern
Telefon:	041 417 02 02
Internet:	www.fitnesspark.ch/national

29

Strandbad Lido

Auf der Seeseite direkt gegenüber der Ufschötti lockt das Luzerner Lido mit seinem 300 m langen Sandstrand seine Gäste – zum Chillen, Entspannen, Planschen und Schwimmen. An den Sandstrand schliesst auf voller Länge, nur durch einen Fussweg getrennt, eine grosse Liegewiese an. Im Lidoareal lassen sich also viele ruhige Plätzchen finden, von denen aus man das fantastische Alpenpanorama geniessen kann. Wagemutige trauen sich einen Satz vom Sprungturm – aus 1.7 m, 4 m oder 6.3 m Höhe. Wer sich lieber aufs Wasser begeben möchte, mietet ein Stand-up-Paddling-Board, für Anfänger gibt's Kurse.

Sollten die Temperaturen im See noch etwas zu kühl für ein Bad sein, kann auf das geheizte Schwimmbassin ausgewichen werden. Auch ausserhalb des Wassers gibt's einige Möglichkeiten zu sportlicher Aktivität: Zunächst sind da sechs feinsandige Beachvolleyballfelder. Auch Freunde von Fussball, Tischtennis und Federball kommen hier auf ihre Kosten.

Die Kinder lädt ein grosszügiger Spielplatz mit Hängebrücken, Türmen, Rutsch-

KneippGarten Gisikon 17 km vom Lido entfernt liegt am Rande eines Naturschutzgebietes der KneippGarten Gisikon. Bereits das Ankommen ist ein Erlebnis. Entlang eines friedlich plätschernden Baches laufen Sie durch viel Grün, hören die Vögel zwitschern und ab und zu einen Frosch quaken. Oben am Teich machen Sie eine kurze Rast, blicken über die Wasserfläche, geniessen die Ruhe und wandern weiter zur eigentlichen Kneippanlage. Sie ist für Jung und Alt geeignet und bietet für alle viele Erlebnismöglichkeiten. Ein grosser Spielplatz, ein Wasserspielplatz sowie ein Grillplatz befinden sich in unmittelbarer Nähe.

bahnen und einer Seilbahn zum abenteuerlichen Spielen ein. Die Spielgeräte sind nach modernsten pädagogischen und sicherheitstechnischen Aspekten ausgewählt.

Und sollte das Wetter mal nicht so richtig mitmachen, empfiehlt sich ein Besuch im nahen Verkehrshaus der Schweiz, dem Publikumsmagneten unter den Museen des Landes.

weitere Infos

Öffnungszeiten:	Sa vor Muttertag bis 31. Mai tgl. 10 – 19 Uhr | Juni – Aug. tgl. 9 – 20 Uhr, bei warmem Wetter Fr und Sa bis 21 Uhr | Sept. bis Eidgen. Bettag (bei warmem Wetter) tgl. 10 – 19 Uhr
Adresse:	Strandbad Lido | Lidostrasse 6A | 6006 Luzern
Telefon:	041 370 38 06
Internet:	www.lido-luzern.ch

30

Mineralbad und Spa Rigi Kaltbad

Vor 600 Jahren badeten die ersten Gäste in den Heilquellen auf der sagenumwobenen Rigi. Seit Juli 2012 wird im Mineralbad & Spa Rigi Kaltbad dieser etwas in Vergessenheit geratenen Tradition wieder neues Leben eingehaucht.

Gebaut vom Stararchitekten Mario Botta erhielt das neue Bad eine besinnliche Ausstrahlung, die sowohl dem Körper als auch der Seele guttut. Die Anlage ist unterteilt in das Mineralbad und ein Spa. Letzteres ist erst ab 16 Jahren zugänglich.

Das Mineralbad besteht aus Aussen- und Innenbecken, Kräuterdampfbad, Ruhebereich und vielem mehr, begleitet von einem sagenhaften Blick in die Berglandschaft.

Im ruhigen Spabereich können ein Kristallbad, eine Kräutersauna sowie eine Lounge mit Quellwasser erkundet werden.

Das Mineralbad & Spa Rigi Kaltbad ist am einfachsten mit der Luftseilbahn ab Weggis oder mit der Zahnradbahn ab Vitznau zu erreichen.

weitere Infos

Öffnungszeiten:	tgl. 11 – 19 Uhr, für Hotelgäste auch 9 – 11 Uhr | Sommernachts-Baden 19.20 – 22.30 Uhr | Rückfahrtsmöglichkeit nach Weggis dann nur per Gondel um 23.20 Uhr
Adresse:	Mineralbad & Spa Rigi Kaltbad | 6356 Rigi Kaltbad
Telefon:	041 397 04 06
Internet:	www.mineralbad-rigikaltbad.ch

Swiss Holiday Park Morschach

Dieses Ferienresort hoch über dem Vierwaldstättersee ist mit seinem Wellness- & Spabereich, dem grossen Erlebnisbad und vielen anderen Möglichkeiten zu Sport und Spiel auch für Tagesausflügler ein attraktives Ziel.

Das Erlebnisbad mit dem 210 m² grossen Innen- und dem 300 m² grossen Aussenbecken bietet Attraktionen wie den abenteuerlichen Wildwasserkanal, einen Wasserfall und die „Rote Mamba", eine 100-m-Rutschbahn, in der Licht- und Soundeffekte den Nervenkitzel bei der rasanten Rutschfahrt noch verstärken. Danach sorgen Sprudelliegen, Massagedüsen, Whirlpool und Faulenzen auf der Liegewiese für Ruhe und Musse.

31

Im grossen Kinderbereich mit Rutschen, Spielzeugen und Planschbecken kommen auch die kleinsten Gäste auf ihre Kosten.

Die 400 m² grosse Saunalandschaft verspricht Balsam für Körper und Seele. Zum Angebot gehören u. a. Damen-, Finnische und Aufguss-Sauna, ein Dampfbad sowie Kaltwasserbecken im Innen- und Aussenbereich. Und in der grosszügigen Wellness- & Spa-Oase mit den Römisch-Irischen Thermen finden Sie Stille und Entspannung.

weitere Infos

Öffnungszeiten: **Bäderlandschaft** Mo – Sa 9 – 22 Uhr, So 9 – 20 Uhr | **Wellness & Spa** Mo – Sa 10 – 19 Uhr, So 10 – 18 Uhr
Adresse: Swiss Holiday Park | 6443 Morschach
Telefon: 041 825 50 50
Internet: www.swissholidaypark.ch

Badeinseln Reussdelta Lorelei

An heissen Sommertagen kann es schon mal vorkommen, dass im verschlafenen Flüelen echtes Südseefeeling aufkommt: Dann geht auf den Badeinseln „Lorelei" im Urnersee die Post ab. Aufgeschüttet aus 3.3 Mio. t Gestein aus dem Gotthard-Eisenbahnbasistunnel zählt der am „Weg der Schweiz" gelegene kleine Archipel seit Sommer 2005 zu den ganz grossen Attraktionen im und am Vierwaldstättersee. Grosse, flache Steine laden zum Sonnenbaden und Verweilen ein. Selbstverständlich ist auch alles verfügbar, was die Sonnenanbeter und Wasserratten an Infrastruktur benötigen – sanitäre Anlagen, Spielplätze, Beachvolleyballfeld, Restaurant, Picknicktische, Feuerstellen und sogar eine moderne Kneippanlage. Von der Plattform des originellen Reussdeltaturms geniesst man eine grandiose Aussicht über den See bis zu den Urner Alpen. Aus Rücksicht auf die örtliche Tier- und Pflanzenwelt dürfen nur die Lorelei-Inseln sowie die gekennzeichneten Badeplätze genutzt werden. Auch für Kinder sind sie ein Paradies – Sand, Kies und angeschwemmtes Holz bieten jede Menge Möglichkeiten zum Spielen, dank der meist geringen Wassertiefe im Uferbereich

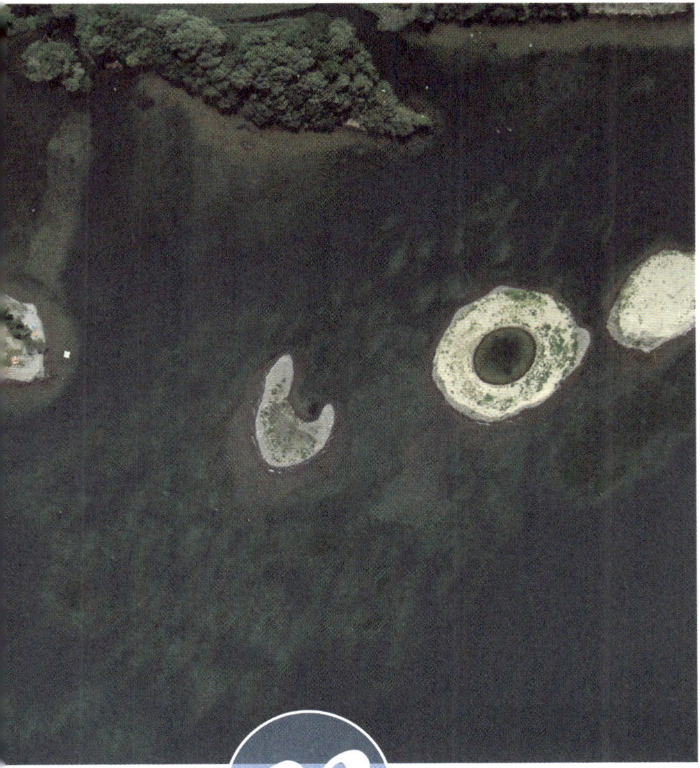

32

können die Kleinen hier nach Herzenslust planschen, tollen und herumspritzen. Für die Aufsicht über ihre am und im Wasser spielenden Kinder sind die Eltern verantwortlich.

weitere Infos

Anfahrt:	Zufahrten zum Reussdelta befinden sich in Seedorf (Parkplätze Forstgarten und Seerestaurant) und in Flüelen (Parkplätze Schützenhaus und Bahnhof).
Internet:	www.reussdelta.ch

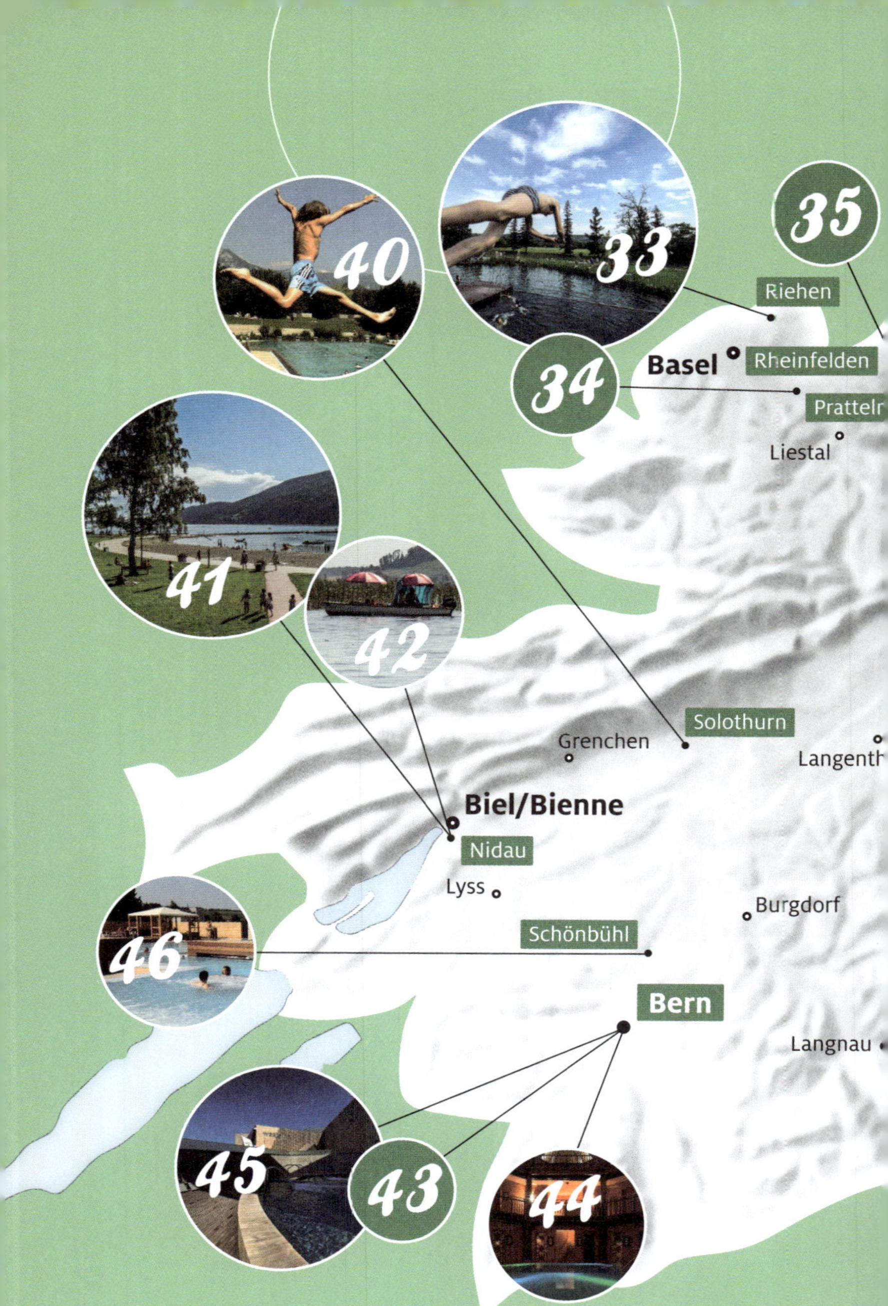
35
Riehen
33
40
34
Basel
Rheinfelden
Pratteln
Liestal
41
42
Solothurn
Grenchen
Langenth
Biel/Bienne
Nidau
Lyss
Burgdorf
46
Schönbühl
Bern
Langnau
45
43
44

mittelland

37
36
Bad Zurzach
Brugg
Schinznach-Bad
Baden
Biberstein
Aarau
Lenzburg
Olten
Wohlen
Zofingen
Hallwilersee
38
39

Naturbad Riehen

Das Naturbad Riehen ist ein attraktives Schwimmbad mit ökologischer Wasseraufbereitung ohne Chemikalien. Die Anlage am Rand des Landschaftsparks Wiese bezieht mit ihrer modernen Holzarchitektur des Büros Herzog & de Meuron Landschaft und Natur Riehens mit ein. Jedem wird etwas geboten: Familien ein grosszügiges Kleinkinderplanschbecken mit lustigen Wasserspielen, ein spezielles Nichtschwimmerbecken mit Strandbereich und Rutschbahn sowie ein Schwimmer- und ein separates Sprungbecken.

33

Ausserdem erwarten Sie ein gemütliches Café und diverse Spielangebote.

weitere Infos

Öffnungszeiten:	Mitte Mai – Mitte Sept. je nach Saison tgl. 9 – 19 bzw. 20 Uhr | bei schlechtem Wetter bis 18 Uhr
Adresse:	Naturbad Riehen | Weilstrasse 69 | 4125 Riehen
Telefon:	061 646 81 18
Internet:	www.naturbadriehen.ch

Basel einmal anders entdecken: Der Kneippverein Basel lädt Sie ein zu einem Rundgang auf dem Kneipp-Parcours am Rhein. Dabei lernen Sie die fünf Säulen der Kneippmethode kennen und sehen Basel von seiner schönsten Seite. Der Rundgang entlang eines Abschnitts des Wanderwegs „Rheinpfad“ beginnt beim Wassertretbecken an der Ecke Mühlenberg/St. Alban-Rheinweg. Eine Anleitung zum Kneipp-Parcours finden Sie zu Beginn des Rundgangs am Weg zum Wassertretbecken. Weitere Stationen auf dem 1–2 Stunden in Anspruch nehmenden Parcours sind der Solitudepark mit schönem Spielplatz und grossem Unterstand, der grosszügig angelegte Barfusspfad in Birsfelden sowie das erfrischende Armbad im Brunnen beim Museum für Gegenwartskunst. Das Museum Tinguely wie auch die Basler Papiermühle befinden sich ebenfalls auf dem Weg.

34

Aquabasilea

Die Wasserwelt Aquabasilea liegt nur zehn Minuten von Basel entfernt in Pratteln. Ein Ausflug hierher begeistert Gross und Klein gleichermassen – unter anderem mit sieben abenteuerlichen Rutschen (Gesamtlänge: 824 m). Vitalbad, Saunawelt und Spa eignen sich zudem ideal, um den Alltag hinter sich zu lassen.

weitere Infos

Öffnungszeiten:	Badewelten tgl. 10 – 22 Uhr | Die Öffnungszeiten für Saunawelten, Day Spa und Hamam sind auf der Internetseite nachzulesen.
Adresse:	Aquabasilea-Wasserwelt | Hardstrasse 57 | 4133 Pratteln
Telefon:	061 826 24 24
Internet:	www.aquabasilea.ch

Wellness-Welt sole uno

Seit dem 19. Jahrhundert wirkt in Rheinfelden die Kraft des Meeres. Die Rheinfelder Natursole entspannt und vitalisiert zugleich: im sprudelnden Erlebnis-Aussenbecken, beim Schweben im Intensiv-Solebecken (12 % Salzgehalt) wie auch beim Durchatmen in der Inhalationsgrotte. Wer wechselwarmen Wassergenuss schätzt, kommt im Feuer- und Eisbad, unterm Tropenregen und den Alpen-Wasserfällen auf seine Kosten. Die vielfältige Saunalandschaft (300 m²) bietet Entspannung, ob vor loderndem Feuer in der Finnischen Erd- oder Feuersauna, beim Wenik-Ritual in der Russischen Banja oder beim Sonnenbad im herrlichen Park. Für noch mehr Erholung sorgt die Massage-Lounge mit wohltuenden Angeboten.

35

weitere Infos

Öffnungszeiten:	tgl. 8 – 22.30 Uhr
Adresse:	Wellness-Welt sole uno | Roberstenstrasse 31 | 4310 Rheinfelden
Telefon:	061 836 67 63
Internet:	www.soleuno.ch

Bad Zurzach: Gesundheit erleben

Bad Zurzach liegt – nur 40 Autominuten von Zürich entfernt – in der malerischen Rheinlandschaft des Bäderkantons Aargau. Drei Bohrtürme erinnern hier an Bohrungen nach Salz, bei denen 1914 zufällig heisses Quellwasser entdeckt wurde. 1955 wurde die Quelle wiedererbohrt – dies war die Geburt des Kurortes Bad Zurzach. Heute entspannen Sie hier im grössten Freiluft-Thermalbad der Schweiz (Gesamt-Wasserfläche über 2000 m^2). Täglich sprudelt 39.9 °C warmes Thermalwasser aus der alkalischen Glaubersalzquelle an die Oberfläche. Die Wellnesswelt im Thermalbad Zurzach bietet u. a. ein Kristalldampfbad, Thermalwasser-Aussenbecken, ein Intensiv-Solebad, ein Naturschwimmbecken, ein Gebäude in Form eines Bohrturms mit Salzsauna, Salzruheraum und Salzgradierwerk, 14 Saunen und Dampfbäder sowie eine grosszügige Parklandschaft mit Liegen und Sonnenstühlen. Das Wasser ist weitestgehend chlorfrei und deshalb besonders für Familien ideal.

Für leuchtende Kinderaugen sorgen das Papa Moll-Kinderbecken im Innen- und der Papa Moll-Spielplatz im Aussenbereich des Thermalbades, die der in Bad Zurzach heimischen Comicfigur gewidmet sind. Viel zu entdecken gibt es auch in der Papa Moll-Box beim Badrestaurant vom Thermalbad. Die kleine, aber kompakte Ausstellung widmet sich der Figur Papa Moll und seiner Schöpferin, Edith Oppenheim-Jonas. Spiel und Spass bieten die Papa Moll Mini- und Adventure-Golf-Anlage.

In den Wellnesshotels in Bad Zurzach erwartet Sie darüber hinaus ein vielfältiges Health & Wellbeing-Angebot: klassische Wellnessmassagen, Medical Wellness und Beautybehandlungen.

36

Entspannt

weitere Infos

Öffnungszeiten: Thermalbad: tgl. 8 – 22 Uhr
Adresse: Thermalbad Zurzach AG | Dr. Martin Erb-Strasse 11 | 5330 Bad Zurzach
Telefon: 056 265 28 28
Internet: www.thermalbad.ch

Thermalbäder Bad Schinznach

Wo die stärkste Schwefelquelle der Schweiz entspringt, sind heute Spass, Erholung und Wohlbefinden vorprogrammiert. Die wohltuende Wirkung des Thermalwassers wurde bereits im 17. Jahrhundert entdeckt. Heute steht dort, wo einst in Kästen gebadet wurde, ein modernes Thermalbad für Gross und Klein. Im Erlebnisthermalbad „Aquarena fun" findet man auf einer Wasserfläche von 600 m² Innen- und Aussenbäder (35 °C), Inhalatorium, Massagedüsen, Grottenrutsche, Flussbad, Kaltwasserschwimmbecken, Whirlpools, und eine grosszügige Saunalandschaft. Das angrenzende „Thermi spa" wurde von einem ehemaligen Hofrats-Gebäude in eine topmoderne Bäder- und Wellnesseinrichtung umgebaut. Moderne Aussenpools mit unterschiedlichen Temperaturen und Attraktionen, Saunabereich, Dampfbad-Cocon und Hamamm-Anwendungen vervollständigen das Angebot.

weitere Infos

Öffnungszeiten: Aquarena fun und Thermi spa tgl. 8 – 22 Uhr
Adresse: Badstrasse 50 | Postfach 67 | 5116 Schinznach-Bad
Telefon: **Aquarena fun** 056 463 75 05
Thermi spa 056 463 75 13
Internet: www.bad-schinznach.ch/thermalbaeder

Biobadi Biberstein

38

Etwa 5 km östlich von Aarau befindet sich unterhalb des markanten Schlosses von Biberstein das im Jahr 2000 eröffnete erste öffentliche Biobad der Schweiz. Das Wasser für die beiden Becken – ein grosser Schwimmteich und ein Kinderbecken – wird hier in einem natürlichen Kreislauf und ganz ohne Chemikalien gereinigt.

Das Freibad liegt an den nationalen Velowanderrouten 5 und 8 und eignet sich bestens für Familienausflüge.

Entspannt

weitere Infos

Öffnungszeiten:	Mai – Sept. So – Do 9 – 20, Fr/Sa 9 – 21 Uhr
Adresse:	Schwimmbad Biberstein | Schachen 257 | 5023 Biberstein
Telefon:	062 827 10 60
Internet:	www.biberstein.ch

Mittelland

Hallwilersee

Der Hallwilersee liegt im Seetal, einem Nord-Süd-Tal, das vom Luzerner Hinterland nach Lenzburg führt. Das Ufer des Hallwilersees darf nicht bebaut werden, somit präsentiert sich auf dem Uferwanderweg rund um den See eine beeindruckende Naturlandschaft. Nur wenige Kilometer des Uferwanderweges führen nicht unmittelbar dem Ufer entlang.

Ein besonders schöner Ausgangspunkt für eine Wanderung am Seeufer ist das Schloss Hallwyl nördlich des Sees, eines der bedeutendsten Wasserschlösser der Schweiz. Das Schloss wird vom Aabach

weitere Infos

Öffnungszeiten:	ab Mitte Mai tgl. 10 – 18 Uhr | Juni – Aug. 9 – 21 Uhr | Sept. 10 – 19 Uhr
Adresse:	**Strandbad Beinwil am See** | Staadmattstrasse | 5712 Beinwil am See
Telefon:	062 771 39 61
Öffnungszeiten:	Badewiese zugänglich April – Okt. tgl. 6 – 22 Uhr
Adresse:	**Arbeiterstrandbad Tennwil** | Strandbadweg 1 | 5617 Tennwil,
Telefon:	056 667 14 34
Öffnungszeiten:	während der Saison ab Mai tgl. 9 – 23 Uhr
Adresse:	**Strandbad Seerose** | Seerosenstrasse 7 | 5616 Meisterschwanden
Telefon:	079 736 62 11

39

umspült und ist nur über eine Zugbrücke zugänglich. Noch weiter in die Vergangenheit verweist die Rekonstruktion eines Pfahlbauhauses direkt am Wanderweg.

Unterwegs auf dem Seeuferweg gibt es immer wieder Möglichkeiten zum Rasten. Das Strandbad Beinwil am See, das Arbeiterstrandbad Tennwil und das Strandbad Seerose mit ihrem breiten Wassersport-Angebot und grossen Liegewiesen machen den Hallwilersee auch zu einem Paradies für Wasserratten. Für Romantiker: Am östlichen Seeufer des Hallwilersees kann ein fantastischer Sonnenuntergang genossen werden.

In unmittelbarer Nähe des Sees befinden sich noch weitere Schlösser und Burgen, die allemal einen Besuch wert sind, so das Schloss Heidegg über dem Baldeggersee. Die Region Seetal wird von der Seetalbahn, einer modernen S-Bahn-Verbindung von Luzern nach Lenzburg, gut erschlossen.

Kneippanlage Chlostermatte Bünzen Rund 12 km vom Strandbad Seerose entfernt treffen sich gesundheitsbewusste Menschen in der Kneippanlage Chlostermatte in Bünzen. 2007 erbaut liegt sie direkt an der renaturierten Bünz und am Kreuzungspunkt verschiedener Wander- und Velowege.
Ab Dorfzentrum Bünzen der Friedensstrasse folgen, an der Post vorbei weiter bis zum Zugang zur ARA Chlostermatte, linker Hand die Bünzbrücke überqueren und Sie sind am Ziel.

mittelland

40

Badi Solothurn

Direkt an der Aare und idyllisch mit Blick zur Jurakette gelegen besteht das Freibad Solothurn aus der historischen Badeanstalt von 1926/27 und dem 1962–64 dazugefügten, offen gestalteten Freibad mit grossem Schwimmbecken. Die alte Solothurner Badanlage im klassizistischen Stil zeigt den typischen Aufbau der frühen Werke des Architekten und Ingenieurs Béda Hefti. So hat sie grosse Ähnlichkeiten mit den Bains de Motta von Freiburg und dem Freibad Burgdorf.

Insgesamt ist die Anlage ausgesprochen weitläufig: Auf einer Gesamtfläche von 37 573 m² haben die Badegäste auf dem Trockenen die Wahl zwischen verschiedenen Liegewiesen und im Nassen zwischen einem 50-m-Schwimmbecken mit Sprunggrube und 10-m-Sprungturm (Sportbecken), dem „Männerbad" mit einem 25-m-Bassin und kleiner Sprunggrube, einem Nichtschwimmer-Becken und der Aare, die über verschiedene Stege erreicht wird. Selbstverständlich gibt es auch ein grosszügiges Planschbecken für Kinder; dazu kommen eine Riesenrutschbahn (70 m lang) und verschiedene weitere Attraktionen wie Spielgeräte im Wasser, Schaukeltiere, Sandkasten etc. Auch für Aktivitäten ausserhalb des Wassers ist gesorgt: Anlagen für Beachvolleyball, Fussball, Federball, Tischtennis, Gartenschach und Streetball laden zur Nutzung ein.

Entspannt

weitere Infos

Öffnungszeiten: Mitte Mai – Mitte Sept. | Mai u. Sept. 8 – 19 Uhr | Juni – Aug. 8 – 20 Uhr (bei schönem Wetter und mindestens 20 °C um 19 Uhr bleibt das Schwimmbad bis um 21 Uhr geöffnet)
Adresse: Schwimmbad Solothurn | Römerstrasse 49 | 4500 Solothurn
Telefon: 032 622 14 86

Bielersee

Der Bielersee in der Region Jura & Drei-Seen-Land befindet sich auf der deutsch-französischen Sprachgrenze. Er schliesst direkt an den Jurasüdfuss an, dessen Hänge intensiv für den Rebbau genutzt werden.

Auf einer Schifffahrt auf dem Bielersee lässt sich die Gegend am bequemsten erleben. Rund um den See führen Wanderwege sowie Velo- und Inline-Skating-Strecken. Unterwegs finden sich immer wieder Rast- und Bademöglichkeiten, bei den Schiffstationen bietet sich jeweils die Möglichkeit, die Strecke abzukürzen. Und wer es gerne etwas ausgefallener mag, erkundet den See beim Stand-Up-Paddling. Die dazu nötigen Boards kann man z.B. im Barkenhafen direkt neben dem Strandbad Biel ausleihen.

Strandboden und Strandbad

Nicht weit vom Bieler Bahnhof entfernt, direkt am Bielersee, liegt der Strandboden, an den sich im Sommer ein schöner Teil des urbanen Lebens der Stadt Biel verlagert. Hier erholen sich Bielerinnen und Bieler vom stressigen Alltag und geniessen die lockere Atmosphäre an der Seepromenade. Auf dem weitläufigen Gelände am See spazieren die Menschen, sitzen auf grossen Steinen am Ufer, liegen oder spielen auf den grossen Rasenflächen und baden. Wenn im Hochsommer die Beachtown aufgestellt wird, fühlt man sich in

den Loungemöbeln mit einem Mojito in der Hand und den Füssen im aufgeschütteten Sand wie an der Côte d'Azur. Mieten Sie ein Pedalo und drehen Sie eine Runde auf dem See oder geniessen Sie einen Kaffee oder eine Glace im Parc-Café.

Nur einen Katzensprung vom Strandboden entfernt lädt das in den 1930er-Jahren im Stil der Moderne errichtete und 2002–2004 aufwendig modernisierte Bieler Strandbad ebenfalls in sehr sympathischer Atmosphäre zum Entspannen ein. Der riesige Sand- und Grasstrand in Biel ist sicherlich der schönste am Bielersee und die Aussicht scheint fast grenzenlos zu sein.

42

Entspannt

weitere Infos

Öffnungszeiten: Mitte Mai – Juni 10 – 20 Uhr | Juli – Mitte Aug. 9 – 21 Uhr | Mitte Aug. – Mitte Sept. 10 – 20 Uhr
Adresse: Strandbad Biel/Plage de Bienne (Nidau) | Uferweg 40 | 2560 Nidau
Telefon: 032 323 12 06
Internet: www.ctsbiel-bienne.ch

Abstecher: Eine weitere Berner Badi-Institution ist das etwa 2 km nördlich des Marzili gelegene Lorrainebad, dessen zwei Schwimmerbecken unter Badeaufsicht stehen, während das Aare-Flussbad nicht beaufsichtigt wird.

weitere Infos

Öffnungszeiten:	Mai – Aug. Mo – Fr 8.30 – 20 Uhr, Sa/So 8.30 – 19 Uhr | ab Sept. Mo – Fr 8.30 – 19.00 Uhr, Sa/So 8.30 – 18 Uhr
Adresse:	Freibad Lorraine | Uferweg | 3013 Bern
Telefon:	031 332 29 50
Internet:	www.lorrainebad.ch

Schwimmbad Marzili

43

Das Marzili (auch Marzer genannt) ist das meistbesuchte Freibad Berns. Wie bei allen andern stadtbernischen Bädern mit öffentlich-rechtlicher Trägerschaft wird hier nicht zur Kasse gebeten. Die „schönste Flussbadi Europas" mit Sicht auf das nur 300 m entfernte Bundeshaus verfügt über ein Planschbecken für die kleinen Gäste und über ein Sportbecken mit 8x50-m-Bahnen, ein Nichtschwimmerbecken und ein Sprungbecken mit einer 1-m- und 3-m-Sprunganlage. Darüber hinaus stehen 10 000 m² Liegewiesen zur Verfügung. In den Freiluft-Separées „Paradiesli" und „Männerbad" dürfen Frauen und Männer nackt sonnenbaden.

Das Besondere am Marzili ist sicher das Schwimmen in der offenen Aare (absolut nur für gute Schwimmer!). An mehreren Stellen am Bad und flussaufwärts sind Zugänge mit Treppen und Haltestangen in den Fluss gebaut. Badegäste ziehen sich im Bad um und gehen auf dem Weg flussaufwärts bis zur Einstiegstelle ihrer Wahl.

Von der Altstadt aus erreicht man das Marziliquartier am einfachsten mit der Standseilbahn.

weitere Infos

Öffnungszeiten:	April, Mai, Sept.: tgl. 8.30 – 19 Uhr | Juni – Aug. 7 – 21 Uhr, Sa/So 8.30 – 20 Uhr
Adresse:	Freibad Marzili | Marzilistrasse 29 | 3005 Bern
Telefon:	031 311 00 46
Internet:	www.aaremarzili.info | www.sportamt-bern.ch

44

Hammam und Spa Oktogon

Nur 400 m vom Marzili entfernt folgt-man in den Dampf- und Reinigungsräumen sowie dem warmen Entspannungsbad im Berner Hammam dem orientalischen Baderitual, das auf der schrittweisen Aufwärmung und Reinigung des Körpers basiert. Es ist im ersten Gaskessel der Stadt Bern aus dem 19. Jahrhundert untergebracht, einem achteckigen Gebäude, dem Oktogon. Auf vier Stockwerken bietet es ein einmaliges Badeerlebnis.

Entspannt

weitere Infos

Öffnungszeiten: Mo/Di, Do/Fr 9 – 21.30 Uhr, Mi 13 – 21.30 Uhr, Sa/So 10 – 20 Uhr
Adresse: Hammam & Spa Oktogon | Weihergasse 3 | 3005 Bern
Telefon: 031 311 31 01
Internet: www.hammam-bern.ch

45

Bernaqua – Erlebnisbad & Spa im Westside

In einem futuristischen Bau von Stararchitekt Daniel Libeskind warten am Westrand Berns 18 Becken mit rund 2000 m² Wasserfläche und drei Riesenrutschen auf Sie. Einen Ritt durch die Gefühlswelt verspricht der „Emotion Ride“ (169 m), das „Black Hole“ (152 m) eine orientierungslose Rutschpartie, und im „Magic Eye“ (175 m) saust man in breiten Kunststoffreifen aus 17 m Höhe abwärts. Zudem sorgt der „Wildwassercanyon“ für action pur. Und im Wellnessbereich lässt es sich wunderbar saunieren, wohlfühlen und entspannen.

weitere Infos

Öffnungszeiten:	Erlebnisbad und Wellnessbereich tgl. 9 – 22 Uhr
Adresse:	Bernaqua | Riedbachstrasse 98 | 3027 Bern-Brünnen
Telefon:	031 556 95 95
Internet:	www.bernaqua.ch

46

Solbad Bern-Schönbühl

Etwa 15 km von der Berner Innerstadt entfernt lockt in Urtenen-Schönbühl das grösste NaturSole-Heilbad der Schweiz die Gäste an – mit einem Salzgehalt von 3 % und einer Wassertemperatur von 35 °C. Sprudelliegen, -sitze und -töpfe, Massagedüsen, Nackenduschen und Unterwassermusik laden zum Entspannen und Verweilen ein. Weitere Highlights im Solbad & Spa sind die Saunalandschaft und der Erlebnis-Spa-Rundgang.

weitere Infos

Öffnungszeiten: **Badelandschaft** Mo – Fr 8 – 21.30 Uhr, Sa/So 9 – 21.30 Uhr | **Saunawelt & Spa** tgl. 9 – 21.30 Uhr
Adresse: Solbad Schönbühl | Mattenweg 30 | 3322 Urtenen-Schönbühl
Telefon: 031 859 34 34
Internet: www.solbad.ch

48
47
49
51
Thun
Spiez
Interl
53
Lauterbrunne
Frutigen
Zweisimmen
54
Blausee
Saanen
Lenk
Gstaad
Simmenfälle
Lauenensee
55
52
56

berner oberland

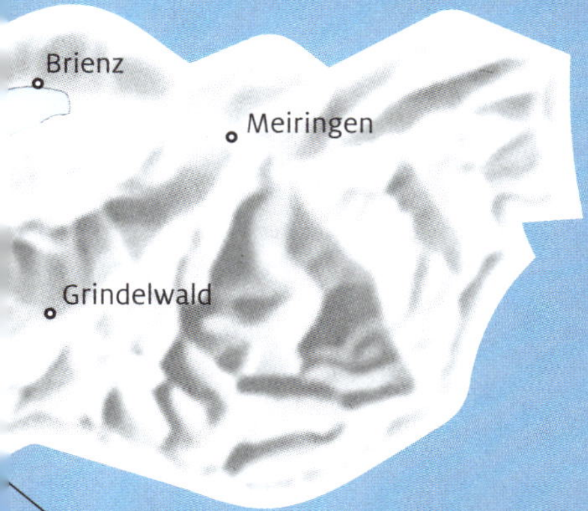

Thunersee

Eingebettet in eine imposante Bergkulisse liegt unter den Gipfeln von Eiger, Mönch und Jungfrau der tiefblaue Thunersee. Ganzjährig verkehren hier Kursschiffe, im Sommer zudem ein prächtig restaurierter historischer Schaufelraddampfer. Strandbäder (z. B. in Thun, Oberhofen, Merlingen und Spiez) sowie Badestellen rund um den See laden zur Abkühlung. Segler und Surfer wissen die stete Brise zu schätzen. Beliebte Uferwege führen von Thun bis Hünibach oder von Spiez nach Faulensee. Am Nordufer des Sees verläuft der Jakobsweg, vorbei an der St. Beatus-Höhle mit ihren gewaltigen Tropfsteinformationen.

weitere Infos

Adresse: Stadtverwaltung Thun | Postfach 145 | 3602 Thun
Telefon: 033 225 88 11
Internet: www.thunersee.ch

47

48

Bonstettenpark

In Thun liegt am Westende des Thunersees der Bonstettenpark, der das ganze Jahr hindurch als wertvolles Naherholungsgebiet direkt am Seeufer genutzt wird: Grillplätze, freie Wiesen und ein Kinderspielplatz machen die Anlagen auch für Familien attraktiv. Ein kleines Wäldchen, mehrere Alleen und das nahe gelegene Naturschutzgebiet Gwattlischenmoos laden zu ausgedehnten Spaziergängen ein. Das Bonstettengut in Thun/Gwatt ist ein ehemaliges Herrschaftsgut der Herren von Strättligen. Den Kern der heutigen „Campagne" mit den weitläufigen Gartenanlagen liess Emanuel Fischer in der Zeit von 1763 bis 1811 errichten. Der Landsitz „Bellerive" datiert von 1764. Seit 1960 gehört das Gut dem Kanton Bern und der Stadt Thun.

weitere Infos

Anreise:	Bus Nr. 1 ab Bahnhof SBB bis „Camping" oder „Gwatt Seewinkel"
Adresse:	Gwattstrasse | 3604 Thun
Internet:	www.thun.ch

Schadaupark

Dort, wo die Aare an dessen nördlichem Ende den See Richtung Bern verlässt, bietet der Schadaupark ebenfalls jede Menge Möglichkeiten zum Entspannen. Spazierwege führen durch das kleine Wäldchen, die Allee und über die Wiesen, die im Sommer zum Sonnenbaden einladen (jedoch keine Einsteigeorte in den See sind). Auch für die kleinen Gäste kann der Schadaupark mit etwas Besonderem aufwarten: Durch ein Labyrinth können die Kinder den richtigen Weg zum spektakulären Spielplatz suchen. Quer durch den Schadaupark fährt jedes zweite Wochenende eine Dampfbahn im Miniaturformat. Im Schloss Schadau direkt am Aareausfluss wird in einem Restaurant für das leibliche Wohl gesorgt. Für historisch Interessierte gibt es im Thun-Panorama (7,5 × 38 m) die von Marquard Wocher gemalte Stadt im 19. Jahrhundert zu sehen.

49

weitere Infos

Adresse:	Schloss Schadau | Seestrasse 45 | 3600 Thun
Telefon:	033 322 25 00
Internet:	www.schloss-schadau.ch

Lauterbrunnen – das Tal der 72 Wasserfälle

50

Der poetische Staubbachfall ist nicht nur das Wahrzeichen von Lauterbrunnen, er markiert auch den Eingang zu einem der spektakulärsten Täler der Schweiz. 72 Wasserfälle schiessen hier über die Kanten von senkrechten und bis zu 400 m hohen Felswänden. Dieses einmalige Naturschauspiel ist durch einen malerischen Wanderweg über die Ebene von Lauterbrunnen nach Stechelberg erschlossen (Länge: 9 km, Dauer: 3 Std., Schwierigkeit: leicht).

Als Goethe 1779 das Lauterbrunnental besuchte, war er dermassen fasziniert vom Staubbachfall mit seinen fast 300 m Fallhöhe und den namengebenden Wasserstaubfontänen, dass er sich hinsetzte und ein Gedicht schrieb: „Gesang der Geister über den Wassern" verhalf dem markanten Wasserfall zu Weltruhm.

Das stiebende Wasser am Dorfrand von Lauterbrunnen markiert zwar den Anfang der Wanderung durch das Tal, nicht aber ihren einzigen Höhepunkt. Fast noch eindrücklicher nämlich sind die Trümmelbachfälle auf halber Wanderstrecke: Im Bergesinnern „trommeln" die grössten unterirdischen Wasserfälle Europas über zehn Kaskaden, die man über ein Labyrinth aus Treppen und Galerien erreicht. Das Schmelzwasser des Jungfraugletschers schiesst mit bis zu 20 000 l pro Sekunde ins Tal, reisst über 20 000 t Geröll pro Jahr mit sich und bringt den ganzen Berg zum Donnern. Weiter führt die Wanderung vorbei am Mürrenbachfall, dem höchsten Wasserfall der Schweiz, und entlang der eisblau schimmernden Lütschine nach Stechelberg. Im ruhigen Feriendorf hebt die Gondel aufs Schilthorn ab, das dank 007 weltberühmt wurde – als „Piz Gloria" im Bond-Streifen „Im Geheimdienst Ihrer Majestät".

Entspannt

weitere Infos

Adresse: Lauterbrunnen Tourismus | Stutzli 460 | Postfach 23 | 3822 Lauterbrunnen
Telefon: 033 856 85 68
Internet: www.mylauterbrunnen.com

Freibad Zweisimmen

51

Das heimelige Dorf Zweisimmen liegt mitten in einem Wander- und Bikeparadies. Zur Entspannung und Erholung von solcherart Anstrengungen ist man im versteckt in einem Wald gelegenen Freibad von Zweisimmen richtig. Fünf Becken, zwei Sprungtürme und eine Wasserrutschbahn warten auf Wasserratten. Wer sich auf dem Trockenen nicht nur in der Sonne räkeln möchte, nutzt das Beachvolleyballfeld, den Street-Basketballkorb, die Bocciabahn oder die Tischtennisplatte.

Zudem bietet die Kneippanlage mit Barfussweg, Tretbecken, Armbad, Giessstation, Kräutergarten und Ruhezone ein besonderes Erlebnis und ein Wohlfühlprogramm für alle Füsse.

Abstecher: Hoch über dem Simmental liegt der malerische Seebergsee mit klarem, kaltem Wasser. Auch motorisiert ist hier der Zugang möglich: Ab Zweisimmen führt der Weg über Grubenwald bis zum Parkplatz Meienberg (ca. 35 Gehminuten zum See). Zudem fährt das Wandertaxi zum Meienberg (Anmeldung im Tourismusbüro Zweisimmen; Juni – Ende Sept. Mi u. Fr) Für das leibliche Wohl sorgen im Sommer die Alphütten Seeberg und Stierenberg.

weitere Infos

Öffnungszeiten:	Mai u. Juni sowie Mitte Aug. – Anfang Sept. 10 – 19 Uhr | Ende Juni – Mitte Aug. 10 – 20 Uhr
Adresse:	Schwimmbadstrasse 1 | 3770 Zweisimmen
Telefon:	033 722 10 81
Internet:	www.gstaad.ch/aktiv/sommer

52

Blausee

Der sagenumwobene Blausee liegt mitten in einem kleinen Naturpark. Seinen Namen trägt er – der Sage nach – in ewiger Erinnerung an die Liebe einer schönen, blauäugigen Maid, die an gebrochenem Herzen starb. Dank seiner ganz speziellen Farbe und des kristallklaren, nur aus unterirdischen Quellen stammenden Wassers ist der Blausee einer der bekanntesten Bergseen der Schweiz. Geformt wurden er und die ihn umgebende Landschaft durch einen Felssturz.
Schon früh verzauberten der See und die idyllische Waldlandschaft Einheimische und Touristen. Heute ist das Gebiet mit Spazierwegen, Picknickplätzen und Feuerstellen gut erschlossen.

Für von Bern aus Anreisende ist bereits die Fahrt mit dem RegioExpress

Abstecher: Wer es sich hier einmal so richtig gut gehen lassen will, der ist im direkt am Seeufer gelegenen Hotel-Restaurant Blausee richtig. Zum einen lockt die von Gault Millau ausgezeichnete Küche, zum anderen der einmalige Spabereich (externe Gäste: unbedingt vorher anmelden!) mit Sauna, Sanarium und Dampfgrotte. Vom Ruheraum schweift der Blick über den Blausee und die Bergwelt.

weitere Infos

Adresse:	Blausee Hotel & Spa | 3717 Blausee
Telefon:	033 672 33 33
Internet:	www.blausee.ch

Lötschberger nach Frutigen entlang des Thunersees und durchs Kandertal ein Erlebnis. Ab Frutigen verkehrt ein Bus an den Blausee. Mit dem PW erreicht man ihn von Frutigen aus in etwa 10 Minuten (GPS: 46°32'02.0"N 7°40'02.0"E). Am Hotel ist ein grosser Parkplatz vorhanden.

weitere Infos

Adresse:	Kandersteg Tourismus | Äussere Dorfstrasse 26 | 3718 Kandersteg
Telefon:	033 675 80 80
Internet:	www.kandersteg.ch

53

7 sources beauty&spa

Der exquisite, aber unkomplizierte Lenkerhof hat sich neusten Wellnessanwendungen verschrieben. Das überrascht nicht, denn die stärkste Schwefelquelle im alpinen Raum gehört zum Haus und sprudelt im 2000 m² grossen Wellnessbereich. Dazu gehören vier Saunen, ein Dampfbad, Schwefel- und Eisgrotte und ein 34 °C warmer Aussenpool. Im Innenpool (28 °C) zieht man sportlich seine Bahnen, ansonsten soll der Gast hier eigentlich nur eines: nichts tun. Mit einer Ausnahme – Tagesgäste sollten sich telefonisch anmelden. Das gilt auch für das Restaurant mit seiner hervorragenden Küche (16 Gault-Millau-Punkte). Hier kann man sich gehen lassen – und wieder zu sich finden.

weitere Infos

Öffnungszeit:	Für Hotelgäste tgl. ab 7.30 Uhr geöffnet.
Adresse:	Lenkerhof gourmet spa resort | Badstrasse 20 | 3775 Lenk im Simmental
Telefon:	033 736 36 46
Internet:	www.lenkerhof.ch

Wallbach Bad Lenk

Die Wallbachbadi im familienfreundlichen Ort Lenk im Simmental bietet Badespass vor einmaliger Kulisse. Das Kinderplanschbecken mit verschiedenen Wasserspielgeräten und die 80 m lange Röhrenrutschbahn „Munichrine“ machen die Badi zum Tummelfeld für die Kleinen. Für die Grossen gibt's im Freien ein Becken mit 50-m-Bahn plus Nichtschwimmerbereich (24 °C) und selbstverständlich eine weitläufige Liegewiese. Dazu kommt das Sprudelbecken im Freien (34 °C, das den Gästen selbst bei sibirischen Temperaturen Badeplausch bietet.

54

Schlechtwetter-Alternativen findet man im Hallenbad. Zudem lädt der Wellness- und Saunapark (Finnische Sauna, Biosauna, Dampfbad) mit grandioser Bergsicht zum Entspannen ein.

weitere Infos

Öffnungszeiten:	Mo, Di, Do 10 – 20 Uhr, Mi Bad 8 – 22 Uhr, Sauna 10 – 22 Uhr, Fr Mai – Okt. 10 – 20 Uhr, Nov – April 10 – 22 Uhr, Sa/So 10 – 19 Uhr
Adresse:	Wallbachstrasse 43 | 3775 Lenk im Simmental
Telefon:	033 733 19 01
Internet:	www.wallbachbad.ch

Sieben Brunnen und Simmenfälle

Fünf Kilometer hinter Lenk sprudelt die Simmenquelle aus einer mächtigen Kalksteinwand hervor – versickertes Schmelzwasser des zwischen Wildstrubel und Rohrbachstein liegenden Gletschers. In sieben Quellen quillt das Wasser auf der Alp Rezliberg als 30 m breiter Fächer aus Gesteinsspalten hervor.

Unterhalb der Alp bildet das Wasser die rund 200 m hohen Simmenfälle. Über eine Reihe mehrere Meter hoher Felsen schnellt das Wasser bergab. Von unten führt ein schmaler, felsiger Fussweg am Wasser entlang. Sicherer ist die Sicht auf die stiebenden Wasser von der Barbabrücke aus, jenem Ort, wo einst die Simme in ihr neues Bett gelenkt wurde.

55

weitere Infos

Internet: www.lenk-simmental.ch

Lauenensee: Moor, See und Wasserfälle

Durch üppige grüne Alpwiesen schlängelt sich ein Strässchen durchs Lauenental hinauf zum auf 1381 m ü. M. gelegenen Lauenensee. Vom gebührenpflichtigen Autoparkplatz Lauenensee sind es noch etwa 300 m Fussweg zum See. Hier ist auch die Endstation des Postautos von Gstaad. Direkt bis zum See gelangt man aber auch ganz bequem per Kutschfahrt von Lauenen aus. Am Ziel angekommen zeigt sich der flache Bergsee mit breiten, sattgrünen Verlandungszonen, braungelben Moorwiesen, Schilfgürteln, weissen Wollgrasstupfen und dunklen Tanngruppen als einzigartiges Wasservogelparadies. Hier oben brüten Blässhuhn, Stock- und Reiherente; im Alpenraum sind keine höher liegenden Brutplätze bekannt. Rund um den See führt ein breit angelegter Weg, der Rundgang dauert etwa 50 Min. In der Sommersaison sorgt das Restaurant Lauenensee für das leibliche Wohl, dort werden auch Boote vermietet.

Der See steht seit den 1970er-Jahren unter Schutz, ebenso wie der gesamte Talkessel mit seinem Wahrzeichen, dem etwa eine Stunde Fussweg vom See entfernten Geltenschuss: In mehreren Stufen stürzt der Geltenbach über Felswände; tiefe Strudellöcher haben sich ins Gestein eingewaschen. Nach der Schneeschmelze oder nach heftigen Regenfällen zeigt sich auch der zweite Wasserfall des Tales, der vom See aus sichtbare Tungelschuss, von imposantem Ausmass.

weitere Infos

Anfahrt: Mit PW oder ÖV von Bern via Thun/Spiez und Gstaad ins Lauenental.
Adresse: Gstaad Saanenland Tourismus | Promenade 41 | Haus des Gastes | 3780 Gstaad
Telefon: 033 748 81 81
Internet: www.gstaad.ch

57
58
60
59
66
67
64
65
Porrentruy
Saignelégier
La Chaux-de-Fonds
Neuchâtel
Murt
Yvonand
Yverdon-les-Bains
Fribo
Schwarz
Bulle
Charm
Lausanne
Renens
Vevey
Montreux
Nyon
Genève
Lavey-les-Bains

Westschweiz

élémont

62

Étang de la Gruère

Als wollten die Freiberge im Kanton Jura ihrem Namen alle Ehre machen, vermittelt die Hochebene bei Saignelégier ein Gefühl von Unabhängigkeit und Freiheit und präsentiert sich ihren Besuchern weitläufig und offen. Ein Höhepunkt der Region ist das 1 km^2 grosse Naturschutzgebiet Étang de la Gruère, wo ein Fussweg rund um den in einer bewaldeten Mulde liegenden, grössten Moorsee der Schweiz führt und die sauren Moorböden die Basis bilden für eine einzigartige Tier- und Pflanzenwelt.

57

Der Moorsee, fast 600 m lang, erreicht eine maximale Tiefe von 5 m. Die typisch braune Wasserfarbe stammt vom Umwandlungsprozess der Vegetationsreste in Torf. Diese stille, verwunschene Landschaft ist wie geschaffen zum Innehalten, Träumen und Entspannen. Im Hochsommer lockt der Moorsee auch zum Bade, was insbesondere die lokale Jugend gerne nutzt. Die mit Stegen und kleinen Brücken gut ausgebauten Wege am See sowie der federnde Moorboden sind nicht zuletzt für Kinder ein spannendes Erlebnis. Über die Tier- und Pflanzenwelt informieren rund um den Weiher Tafeln. Es wird gebeten, die markierten Wege nicht zu verlassen, um die empfindliche Torfmoorlandschaft zu schützen.

weitere Infos

Adresse:	Jura Tourisme | Rue de la Gruère 6 | 2350 Saignelégier
Telefon:	032 432 41 60
Internet:	www.juratourisme.ch

Abstecher: Wer sich nach dem Torfmoorerlebnis noch etwas Gutes tun will, hat im Wellnessbereich des Hôtel Cristal in Saignelégier dazu Gelegenheit. Von den beiden Freiluftspas (34 bzw. 36 °C) aus schweift der Blick in die Ferne, Saunen, Dampfbäder und Solarien ergänzen das Angebot (Zutritt für Nicht-Hotelgäste: CHF 23).

weitere Infos

Öffnungszeiten:	Mo 13.30 – 21 Uhr, Di – Fr 10 – 21 Uhr, Sa/So 10 – 20 Uhr
Adresse:	Hôtel Cristal | Chemin des Sports 10 | 22350 Saignelégier
Telefon:	032 951 24 74
Internet:	www.hotelcristal.ch

Jeunes-Rives in Neuchâtel

Der Neuenburgersee ist der grösste ganz in der Schweiz gelegene See. Mehr als 40 Badestrände säumen seine Ufer, viele davon an der Nordwestseite. Dort, direkt am Seeufer, von Schloss und Stiftskirche dominiert, liegt das aus gelbem Sandstein erbaute Neuenburg (Neuchâtel). Der mittelalterliche Stadtkern mit vielen Cafés und Restaurants, Shoppingmöglichkeiten sowie zahlreichen Theatern und Museen vermittelt französischen Charme. Hier herrscht jene Gelassenheit, in der es leichtfällt, den Moment zu geniessen. Etwa beim Bummeln über den Markt auf der Place des Halles oder beim Flanieren auf der langen Strandpromenade.

Nicht mehr als 5 Min. Fussweg sind es vom Zentrum zum langen Strand in der Stadt. Spazierwege schlängeln sich durch die bis ans Ufer reichenden grosszügigen Rasenflächen, am Strand ist die Sicht auf die Gipfelkette der Alpen einfach fabelhaft – wie geschaffen für einen entspannten Tag mit Familie und Freunden. Den Besuchern stehen zwei Beachvolleyballfelder und ein Kinderspielplatz zur Verfügung.

Einen guten Kilometer weiter nordöstlich am See entlang erwartet das Hallen-, Frei- und Seebad „Nid du Crô" seine Gäste. Das grosszügige Freibad bietet ein

58

Entspannt

Olympisches Schwimmbecken, ein separates grosses Sprungbecken, Nichtschwimmer-, Spiel- und Planschbecken, zwei Rutschbahnen (65 und 10 m) sowie ein Seebad, wo auch für Badeaufsicht gesorgt ist.

weitere Infos

Öffnungszeiten:	**Freibad Nid du Crô** Mitte Mai – Mitte Sept. tgl. 9 – 20 Uhr | Mitte Juni – Mitte Aug. bis 21 Uhr
Adresse:	Tourisme neuchâtelois | Hôtel des Postes | 2001 Neuenburg
Telefon:	032 889 68 90
Internet:	www.neuchatel-plages.ch

59

Thermalzentrum Yverdon-les-Bains

Dank ihrer schwefel- und magnesiumhaltigen Quellen hat die zwischen dem Jura, den Hügeln der Broye und dem Neuenburgersee eingebettete Kleinstadt Yverdon-les-Bains schon seit römischer Zeit ein Thermalbad. Heute ist sie der wichtigste Badekurort der Westschweiz. Insbesondere das Thermalzentrum der Stadt mit angegliedertem Vier-Sterne-Hotel bietet Ruhe und Entspannung. Das milde Klima, die Wohltaten des Schwefelwassers und die hohe Qualität der Einrichtungen machen das Besondere dieser Anlage aus.

Neben den drei Thermalbädern (28 °C bis 34 °C) gilt es eine Wellnesszone zu entdecken, das externe Jacuzzi, das Japanische Bad, Dampfbäder, die Finnische Sauna, Tylarium und eine tropische Dusche.

Im Sommer sind die Stadt und ihre Umgebung ein Wassersport- und Naturparadies. Am wenig bebauten Südufer des Sees erstreckt sich das weite Naturschutzgebiet der Grande Cariçaie, dessen zahlreiche Wege durch Moor-, Wald- und Prärielandschaften ein intensives Naturerlebnis ermöglichen.

weitere Infos

Öffnungszeiten: Mo – Sa 8 – 22 Uhr, So 8 – 20 Uhr
Adresse: Centre Thermal | Avenue des Bains 22 | 1400 Yverdon-les-Bains
Telefon: 024 423 02 32
Internet: www.cty.ch
www.yverdonlesbainsregion.ch

Am Strand von Yvonand

Hier, im Mündungsbereich der Menthue in den Neuenburger See, nur wenige Kilometer nordöstlich von Yverdon-les-Bains, fühlt man sich gleich weit weg von Zuhause. Die Sonne glitzert auf dem Wasser, die Wellen plätschern leise – fast wie am Meer. Die vielen Strände und kleinen, natürlichen Buchten von Yvonand bezaubern durch feinen Sand und türkisblaues Wasser. Sie liegen mitten im Grünen und sind perfekt zum Träumen und Ausspannen. Solche Sandstrände findet man in der Schweiz selten: Sie fallen flach ins Wasser ab, das nur eine geringe Strömung hat. Ein natürliches Spielfeld für Kinder, das durch Spielplätze ergänzt wird. Die Gäste kommen zudem in den Genuss des Wassersportangebots auf dem Neuenburgersee. Es gibt Tretboote, Stand-Up-Boards, Windsurfbretter sowie ganze Kite-Surf-Ausrüstungen zur Miete.

60

Entspannt

weitere Infos

Adresse: Plage des Pins d'Yvonand | 1462 Yvonand
Internet: www.yverdonlesbainsregion.ch

61

Bains de la Motta, Fribourg

Diese vor den steilen Felswänden des Saanegrabens gelegene typische Badeanstalt aus dem 19. Jahrhundert mit dem Komfort des 20. Jahrhunderts zählt zum Inventar der Kulturgüter von nationaler Bedeutung. 1923 war das Motta-Schwimmbad das erste öffentliche Bad der Schweiz, das weder Fluss- noch Seebad war.
Mit ihrer Mauer, den roten Ziegeln und den nummerierten blauen Umkleidekabinen erinnert diese Badeanstalt an die Zeiten ihrer Entstehung. Und an weit frühere: Wo sonst kann man schon, gemächlich auf dem Rücken durchs Becken schwimmend, eine mächtige Kathedrale bewundern?

Wer nicht nur schwimmen und auf der grossen Liegewiese faulenzen will, versucht sich im Beachvolleyball, Basketball oder auf der neuen Slackline.

Schwarzsee

62

In einer guten halben Stunde gelangt man mit dem Auto von Fribourg zum malerischen Schwarzsee (1046 m ü. M.), einem echten Naturparadies. Im „Seebad Gypsera" badet man im bis zu 22 °C warmen, schwefelhaltigen Wasser – oder in der Sonne, auf dem weit ins Wasser hineinreichenden halbkreisförmigen Liegesteg, auf jeden Fall aber vor einem wunderschönen Bergpanorama. Im Gebiet „Staldenmotta" am Rundweg um den See gibt's einen weiteren Badestrand.

weitere Infos

Adresse: Schwarzsee Tourismus | Schwarzseestrasse 212 | 1716 Schwarzsee
Telefon: 026 412 13 13
Internet: www.schwarzsee-tourismus.ch

weitere Infos

Badebetrieb: Mitte Mai – Mitte Sept., Mo – Sa 7 – 20, So 8 – 20 Uhr
Adresse: Bains de la Motta | Ch. des bains 8 | 1700 Fribourg
Telefon: 026 322 38 15
Internet: www.ville-fribourg.ch

63

Les Bains de la Gruyère

Badegäste werden in dieser Anlage von einzigartigem und innovativem Design empfangen, das sich vollständig in die Umgebung einfügt. Die Gruyère-Bäder im traditionellen Bergdorf Charmey bestehen aus zwei weitläufigen Innen- und Aussenschwimmbecken mit Wasserspielen wie Schwallduschen, Sprudelbänken, Wasserdüsen und -strahlern. Das zylinderförmige Gebäude aus Holz und Glas scheint wie auf die Alp hingebettet zu sein und beherbergt zwei echte „Bergseen" mit natürlichem Mineralwasser, das mit Holzfeuer auf 33 – 34 °C erhitzt wird. Die Anlage ist in einen nordischen und einen orientalischen Bereich gegliedert, mit verschiedenen Saunas, Hammam und Türkischen Bädern sowie mehreren Räumen für die Entspannung von Körper und Geist. Das Wellness- und Beauty-Institut im ersten Stock ist der individuellen Pflege, Massagen, Schönheitsbehandlungen, der Balneotherapie und Wellness gewidmet.

Auf dem Dach geniesst man im „Freiluftsolarium" die Sonne – und ein 360°-Panorama der umliegenden Voralpen. Aktivitäten wie Aquagym oder Candle Light in den Bädern runden das Angebot ab.

weitere Infos

Öffnungszeiten:	So – Do 9 – 21 Uhr, Fr/Sa 9 – 22 Uhr
Adresse:	Les Bains de la Gruyère | Gros Plan 30 | 1637 Charmey
Telefon:	026 927 67 67
Internet:	www.bainsdelagruyere.ch

64

Parc Louis Bourget, Lausanne

Dieser Park liegt am äussersten westlichen Rand der Stadt. Hier gibt es alles, was man zum Chillen braucht: grosse Rasenflächen, Schatten spendende Bäume, einen mehr als 500 m langen Sandstrand, Grill- und Spielplätze, Sportanlagen (Beachvolleyball, Tennis, Basketball, Fussball) – kein Wunder, dass die weitläufigen Flächen im Sommer bei gutem Wetter nahezu rund um die Uhr bevölkert sind.

weitere Infos

Adresse: Parc Louis Bourget | Route de Vidy | 1007 Lausanne
Internet: www.lausanne.ch

65

Piscine de Bellerive

Nur einen Katzensprung östlich vom Parc Louis Bourget liegt das Strandbad Bellerive, eine weitere Lausanner Entsprechung des Dolcefarniente. Der 350 m lange Strand, weitläufige und baumbestandene Grünflächen, Ballsportfelder, drei grosse Schwimmbecken und ein 10-m-Sprungturm entwickeln im Sommer magnetische Kräfte auf Sonnenanbeter und Wasserratten. Für die Kinder gibt es Planschbecken und als besonderes Highlight den Wasser-Spielpark im See.

weitere Infos

Adresse: Piscine de Bellerive | Avenue de Rhodanie 23 | 1007 Lausanne
Telefon: 021 315 48 60
Internet: www.lausanne.ch/bellerive

Aquasplash Renens

66

Entspannt

Dieses Erlebnis-Freibad lässt keine Wünsche offen: Das 50-m-Schwimmbecken entspricht der Olympianorm, das Nichtschwimmerbecken ist ein Wellenbad mit Strömungskanal, der Sprungturm genügt höchsten Ansprüchen. Für den nicht ganz so sportlichen Nervenkitzel sorgen sage und schreibe acht Wasserrutschbahnen mit Namen wie „Harakiri", „Kamikaze", „Kobra" und „Zyklon"! Und auf dem Trockenen laden u. a. eine 7 m hohe Kletterwand, Trampoline, Beachvolleyball- und Badmintonfelder zu sportlicher Betätigung ein. Auch für die Kleinen ist gesorgt: Sie dürfen im Splashpark toben.

weitere Infos

Öffnungszeiten:	tgl. 9.30 bis 19.00 Uhr
Adresse:	AquaSplash | Avenue Censuy 36 | 1020 Renens VD
Telefon:	021 632 73 52
Internet:	www.aquasplash.ch

67

Bains des Pâquis, Genf

Im Sommer wie im Winter sind die 1872 am Anlegesteg von Pâquis errichteten Bains des Pâquis *der* Anziehungspunkt für Sonnenanbeter und Erholungssuchende. Nur wenige Meter von der berühmten Wasserfontäne (Jet d'Eau), dem Wahrzeichen der „kleinsten Metropole der Welt" im Seebecken von Genf, entfernt, bietet diese Badeanstalt einen unvergleichlichen Ausblick auf den See. Kein Wunder, denn sie liegt praktisch mittendrin – an den Seiten eines Verbindungswalls vom Ufer zu einem Leuchtturm. Hier gönnt man sich im Sommer ein Sonnenbad, z. B. auf dem

weitere Infos

Öffnungszeiten:	Bad: ganzjährig, je nach Wetterlage Winter: Massage: tgl. 9.30 – 20 Uhr | Sauna, Hammam und Türkisches Bad: Mo – Sa 9 – 21.30 Uhr, So 8 – 21.30 Uhr, Di Frauentag | Sommer: wie das Bad
Adresse:	Bains des Pâquis | Quai du Mont-Blanc 30 | 1201 Genève
Telefon:	022 732 29 74
Internet:	www.bains-des-paquis.ch

Abstecher: Am Rand des Stadtzentrums, beim Port-Noir am Südufer des Sees, hat Genf in einem 42 000 m^2 grossen Park ein weiteres Freibad zu bieten – mit grossem Kieselstrand und Schwimmpontons, mit Olympischem-, Nichtschwimmer- und Planschbecken, Jacuzzi, Sprungturm, Rutsche, diversen Ballsportanlagen und ausgedehnten Rasenflächen zum Liegen und Faulenzen.

weitere Infos

Öffnungszeiten:	Mitte Mai – Mitte Sept., tgl. 10 – 20 Uhr
Adresse:	Port-Noir Quai de Cologny 5 1223 Cologny
Telefon:	022 736 24 82
Internet:	www.geneve-plage.ch

zur Seeseite orientierten Kiesstrand mit grossem Schwimmbereich. Richtung Innerstadt gibt es einen Pool für Wasservolleyball, einen Sprungturm und ein Nichtschwimmerbecken. Für das leibliche Wohl wird im Gastronomiebereich gesorgt, im Winter entspannt man in der Sauna und lässt die herrliche Aussicht auf sich wirken. Fondue-Liebhaber kommen hier auf ihre Kosten und können dabei den Genfer Lichterglanz auf dem Wasser bestaunen. Im Hammam und dem Türkischen Bad kann man sich ganzjährig entspannen. Zu alldem sind die Bains des Pâquis auch noch ein Kulturtreffpunkt. All das macht sie zu einer Genfer Institution, deren Besuch nicht nur für Entspannungssuchende ein Muss ist.

Thermalzentrum Lavey

Der kleine, östlich der Rhône gelegene Ort Lavey-les-Bains besitzt die heissesten Thermalquellen der Schweiz. Bis zu 70 °C erreicht das Wasser in der Tiefe. Im wunderschön gelegenen Thermalbad des Ortes kann man seine wohltuende Wirkung bei Temperaturen von 32 bis 36 °C ebenso geniessen wie den Komfort und die Ruhe, die das Thermalzentrum kennzeichnen. Die Innen- und Aussenbecken mit insgesamt 1600 m² Fläche bieten Massagedüsen, Schwanenhälse, Wasserfälle, Unterwasserströmungen und Unterwassermassagen. Dazu kommen ein orientalischer Bereich mit mehreren Hammams, ein Nordischer Pavillon mit mehreren Saunas und einer Schnee- und Eisgrotte, sowie der Pavillon Sérénité, eine grosse Ruhezone, u. a. mit Kaminfeuer. Im Wellnessbereich erwarten Sie Massagen, Balneotherapie und Schönheitspflege. Lassen Sie sich verwöhnen!

Abstecher: Eine knappe halbe Autostunde weiter südlich erwartet Sie bereits jenseits der Kantonsgrenze zum Wallis auf 1100 m ü. M. ein ganz ungewöhnliches, geradezu poetisches Badeerlebnis: Auf 70 m Länge wurde hier das Schwimmbad „Les Marécottes" in den Fels geschnitten. Im Sommer wird das Wasser sogar bis zu 26 °C warm!

weitere Infos

Öffnungszeiten:	Mitte Juni – Sept. Mo/Di 9 – 17 Uhr, Mi – So 9 – 19 Uhr
Adresse:	Schwimmbad von Les Marécottes | Les combasse 3 | 1923 Les Marécottes
Telefon:	027 761 15 62
Internet:	www.zoo-alpin.ch

68

weitere Infos

Öffnungszeiten:	So – Do 9 – 21 Uhr, Sa/So 9 – 22 Uhr
Adresse:	Les Bains de Lavey | Route des Bains 48 | 892 Lavey-les-Bains
Telefon:	024 486 15 55
Internet:	www.lavey-les-bains.ch

69
70
76
72
71
75
Le Bouveret
Lac de Taney
Leukerbad
Crans-Montana
Anzère
Monthey
Sierre
Val-d'Illiez
Sion
Ovronnaz
Champéry
Saillon
Nendaz
Zinal
Verbier
Martigny
Orsières
Zermatt
Champex
74
78

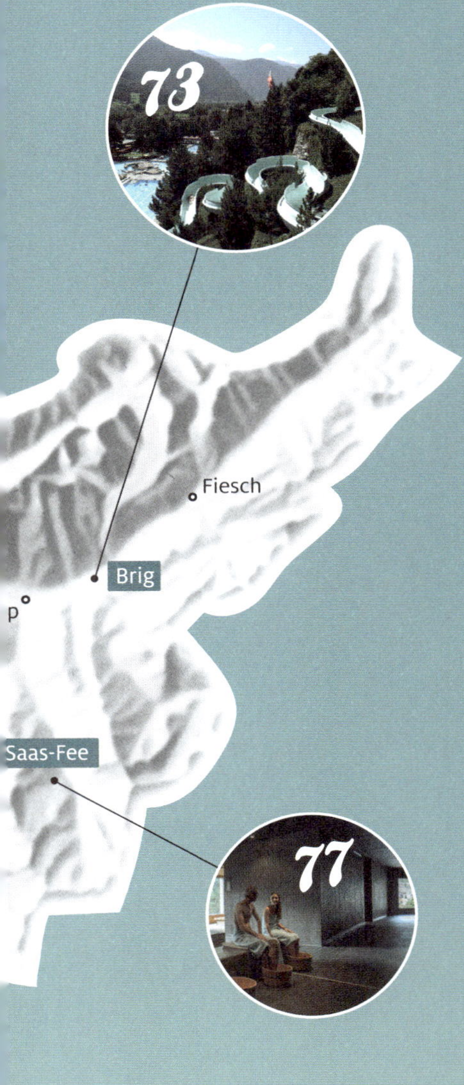

Wallis

69

Aquaparc Le Bouveret

An 365 Tagen im Jahr bietet die im Rhônedelta am Genfersee gelegene Walliser Ortschaft Le Bouveret ihren Gästen auf 15 000 m² Wasserspass pur. Der „Aquaparc Le Bouveret" ist in drei Bereiche aufgeteilt: Im Jungle-Land mit exotischen Pflanzen, Wasserfällen und Grotten sorgen sieben Wasserrutschbahnen für Nervenkitzel. Eine neue Wasserrutsche mit Looping beschert Ihnen den ultimativen Adrenalinschub. Das „Captain Kids' Land" ist auf Kinder von 2 – 7 Jahren ausgerichtet, die hier Piratenschiffe erobern und mit Wasserkanonen schiessen können. Eine besondere Attraktion für die ganze Familie ist natürlich das Wellenbad, wo Sie sich

weitere Infos

Öffnungszeiten: tgl. ab 10.30 Uhr | Schliessungszeiten variieren zwischen 18.30 und 22.30 Uhr
Adresse: Aquaparc | Route de la Plage 122 | 1897 Bouveret
Telefon: 024 482 00 00
Internet: www.aquaparc.ch

von fünf verschiedenen Arten von Wellen wiegen lassen können. Im „Paradise-Land" sind hingegen Ruhe und Entspannung angesagt. Dafür sorgen auf 28 – 30 °C geheizte Innen- und Aussenbecken, Wohlfühlbäder und Whirlpools. Ans Ufer des Genfer Sees locken im Sommer Sandstrand und Restaurant.

Lac de Taney

70

Der traumhafte Bergsee Lac de Taney liegt auf 1400 m ü. M., oberhalb des Genfersees, umrahmt von den eindrucksvollen Zwillingsgipfeln der Jumelles. Dieses Kleinod im Walliser Chablais auf dem Gebiet der Gemeinde Vouvry ist ein bedeutendes Amphibienlaichgebiet, steht unter Naturschutz und ist daher nur zu Fuss (oder per Taxi) erreichbar. Bergblumenwiesen, dunkle Waldstreifen mit hohen, schlanken Fichten und grauer Fels säumen das Ufer des Sees, der keinen Abfluss zu haben scheint. Dennoch darf man dort baden, tauchen und angeln, und wer sich auf den bezaubernden Rundweg um den See begibt, findet zahlreiche Badestellen und kleinere Liegewiesen an dem gut zugänglichen Seeufer.

Mit dem PW oder Postauto fahren Sie bis nach Miex zum Parkplatz Le Flon, wandern ca. 1 Stunde bis zum Pass „Col de Taney" und steigen noch ca. 10 Minuten bis zum See ab. Wer weniger gut zu Fuss ist, kann sich ein Taxi bestellen. Fürs leibliche Wohl sorgen Restaurants in Miex und im Sommerdorf Taney am westlichen Ende des Lac de Taney.

weitere Infos

Adresse: Vouvry Tourisme | Administration communale | 1896 Vouvry
Telefon: 024 482 12 21
Internet: www.vouvry.ch

Anzère, Spa und Wellness

Anzère liegt auf einer sonnigen Terrasse auf 1500 m über dem Rhônetal, nur 15 km von der Kantonshauptstadt Sitten entfernt. Entstanden in den 1960er-Jahren als Wintersportort mit herrlicher Aussicht auf das Rhônetal und die Walliser Alpen, ist Anzère auch im Sommer ein wunderschönes Wandergebiet mit interessanten Touren.

Zum Entspannen, z. B. nach einer Wandertour oder einem Tag im Schnee, lockt das Spa & Wellness. Der Badebereich besteht aus einem Innen- und einem Aussenbecken mit spektakulärem Panoramablick auf die umgebende Berglandschaft. Die kleinen Gäste haben im sicheren Planschbecken im Innenbereich ihren Spass. Das Wasser in den Becken wird von einer heissen Quelle gespeist und so auf natürliche Weise das ganze Jahr über auf äusserst angenehme 33 °C erwärmt. In den Aussenbecken geniessen Sie die ge-

weitere Infos

Öffnungszeiten:	Badezone und Spa & Wellness tgl. 10 – 21 Uhr
Adresse:	Anzère Spa & Wellness | Place du Village | 1972 Anzère
Telefon:	027 398 77 77
Internet:	www.anzere.ch/tourismus-ski-spa/wellness

71

Entspannt

sunde frische Luft und das natürliche Walliser Solarium. Ein Wasserfall massiert Ihnen Schulter und Nacken auf angenehmste Weise.

Der Wellnessbereich mit Saunas, Jacuzzi unter freiem Himmel, Hammam, Themenduschen, Ruhe- und Fitnesszonen ist darauf ausgelegt, dass Sie sich in angenehmer Atmosphäre im Rhythmus der Jahreszeiten entspannen können – ein perfektes Relax-Erlebnis!

Das Massageteam verschafft Ihnen zuätzlich herrlich entspannende Momente und verwendet dazu originelle und auf die Jahreszeiten abgestimmte hochwertige Pflegeprodukte.

Leukerbad Therme

Bereits die Römer kannten die heilende Wirkung der heissen Quellen von Leukerbad, und auch heute sprudeln hier täglich 3,9 Mio. l 51 °C heisses Wasser aus 65 Thermalquellen. Der Höhen-Thermalbadeort Leukerbad liegt gut geschützt in einem Walliser Seitental am Fusse des Gemmipasses und ist heute Ziel für Wellnessfreunde wie auch für Sportbegeisterte.

72

Im grössten alpinen Thermalbad Europas laden zehn Bäder mit diversen Wasserattraktionen zum Entspannen im Thermalwasser aus eigenen Quellen ein. Die Thermalbäder (28 – 43 °C) verfügen über vitalisierendes und mineralreiches Thermalwasser. Schwallduschen, Massagedüsen, Whirlpools und eine Natursteingrotte bieten bei jedem Wetter ein unvergessliches Natur-Badeerlebnis. Im Spabereich warten vielseitige Wellnessanwendungen und Massagen.

Das Kinderbecken und insbesondere die beiden über 100 m langen Wasserrutschbahnen sorgen bei kleinen Wasserratten für Spass und Action. Kinder bis 8 Jahre haben kostenlosen Zugang zu den Thermalbädern und der Sportarena.

In den Gastronomiebetrieben des Hauses – der Restaurant-Bar, dem Restaurant und der Grill-Pizzeria mit grosser Sonnenterrasse vor Bergpanorama – werden auch lokale Spezialitäten serviert.

weitere Infos

Öffnungszeiten: **Thermalbäder** tgl. 8 – 20 Uhr | **Sauna und Wellness** tgl. 9.30 – 19.30 Uhr
Adresse: Leukerbad Therme | Rathausstrasse 32 | 3954 Leukerbad
Telefon: 027 472 20 20
Internet: www.leukerbad-therme.ch

wallis

Thermalbad Brigerbad

Der attraktive Ferienort Brig, im sonnigen Oberwallis, am Fusse des Simplonpasses gelegen, bietet seinen Gästen ein Freiluft-Thermalbad, in dem jeder ein passendes Angebot findet. Beispielsweise wartet auf Kinder (und auch auf ältere Abenteurer) die längste alpine Thermal-

Wasserrutschbahn Europas. Die Anlagen des Brigerbads bestehen aus 16 Becken im Innen- und Aussenbereich, die sich in Grösse und Temperatur voneinander unterscheiden. Im dreistöckigen Areal befinden sich im Erdgeschoss die Thermalbäder und das Hallenbad. Hier geht es zur

weitere Infos

Öffnungszeiten:	tgl. 9 – 21 Uhr | **Wellness- und Beautybereich** 9 – 20 Uhr | **Restaurant Cécile** ab 8.30 Uhr
Adresse:	Thermalbad Brigerbad AG | Thermalbad 1 | 3900 Brigerbad
Telefon:	027 948 48 48
Internet:	www.thermalbad-wallis.ch

73

gepflegten Gartenanlage, welche mit ihren Terrassen zum Entspannen und Sonnenbaden einlädt. Das Obergeschoss umfasst den Wellness- und Beautybereich sowie das Bistro Cristal. Der Spabereich erstreckt sich über die zwei Etagen des Erd- und Obergeschosses. Im Untergeschoss sind Fitness- und Kursräume untergebracht.

Das Kurbad (34 – 37 °C) mit zahlreichen Unterwasser-Massagedüsen sowie das Grottenschwimmbad laden zum Verweilen ein. Wagemutige können beim Sportschwimmbad (28 – 30 °C) von Felsblöcken ins Wasser springen oder sich im Flussbad (29 – 30 °C) von der Strömung leiten lassen. Rutschbahn-Fans kommen mit der 182 m langen, in den Berg gebauten Bahn voll auf ihre Kosten. Das Olympiabad (24 – 26 °C) mit vier 50 m langen Bahnen und ein Kinderschwimmbad (34 – 37 °C) runden das Angebot ab. Übrigens: In allen Bädern wird täglich das Wasser gewechselt.

Wallis

Thermenpark von Val-d'Illiez

Das hübsche Bergdorf Val d'Illiez liegt auf 950 m. ü. M. zu Füssen des imposanten Bergmassivs der Dents du Midi (3257 m) und inmitten des gleich benannten Walliser Seitentales. Bekannt ist es vor allem als Bestandteil des weltgrössten Skigebiets „Portes du Soleil".

2009 eröffnete hier der grosse Thermenpark, in dem sich die Gäste vor der majestätischen Bergkulisse im Winter wie im Sommer entspannen und verwöhnen lassen. Die Thermen des modernen Wellnesscenters werden von drei natürlichen Quellen gespeist, deren Wasser mit Temperaturen zwischen 20 und 32 °C aus der Erde sprudelt. Die gesamte Anlage erstreckt sich über 110 000 m² – ein Zentrum für Spiel, Spass und Aktivität, für Körperpflege und Verwöhngenuss, mit Hallenbad und Freibädern, darunter ein Thermalbach (27 °C), in dem man auf 200 m Länge entspannt mit dem Strom oder sportlich gegen ihn schwimmt. Ein natürlicher Wasserfall, Sauna, Dampfbad, Sprudelbad, Massagen, Pflege- und Beauty-Angebote sowie ein medizinisches Zentrum runden das Angebot ab.

74

Entspannt

weitere Infos

Öffnungszeiten: So – Do 10 – 20 Uhr | Fr/Sa 10 – 21 Uhr
Adresse: Thermes Parc | Route des Crettex 2 | 1873 Val-d'Illiez
Telefon: 024 476 80 40
Internet: www.thermes-parc.com

Thermalbäder Saillon

Saillon besticht, heute mehr denn je, durch seine Authentizität, seine Weine, seine mittelalterlichen Feste – und vor allem seine Thermalbäder. Das stilvolle Thermalzentrum umfasst vier Schwimmbäder mit Wassertemperaturen von 28 °C bis 34 °C, den Wellnessbereich „Carpe Diem" (Saunas, Dampfbäder, Massagen) und einen grossen Fitnessbereich.

75

Ebenfalls zu entdecken gibt es den 120 m langen Thermenfluss (32 °C bis 34 °C), der sich durch einen Grünbereich schlängelt. Hier lässt man sich von der Strömung treiben, testet unterwegs die aquatische Höhle mit Whirlpools und den Kneipp-Parcours oder legt einen kleinen Zwischenstopp unter der Pergola auf den Liegen ein. Für Kinder gibt es noch Planschbecken, Riesenrutschbahn und Wasserrutsche.

weitere Infos

Öffnungszeiten:	**Thermalpark** tgl. 8 – 21 Uhr | **Wellness- und Spabereich** 9 – 21 Uhr
Adresse:	Les Bains de Saillon | 1913 Saillon
Telefon:	027 743 11 50
Internet:	www.bainsdesaillon.ch

Thermalbäder Ovronnaz

Der kleine Ferien- und Kurort Ovronnaz liegt im französischsprachigen Wallis, 1400 m ü. M. auf einer südexponierten Sonnenterrasse. Hier geniessen Sommergäste und Wintersportler gleichermassen die Panoramasicht auf das Rhônetal – und genau gegenüber auf die majestätischen Gipfel der Walliser Alpen. Seine Berühmtheit verdankt Ovronnaz aber vor allem seinem vitalisierenden Klima und den drei 32 bis 35 °C warmen Thermalbädern – zwei davon Freibäder. Der 1000 m² grosse Relax- und Wellnessbereich Panoramic Alpine Spa lässt keine Wünsche offen.

Entspannt

76

weitere Infos

Öffnungszeiten: **Thermalbäder** Weihnachten bis Ostern 8.30 – 21 Uhr | sonst 8.30 – 20 Uhr | **Spa** Weihnachten bis Ostern 10 – 21 Uhr | sonst 10 – 20 Uhr
Adresse: Les Bains d'Ovronnaz | Route des Bains | 1911 Ovronnaz
Telefon: 027 305 11 11
Internet: www.bains-ovronnaz.ch

Aqua Allalin

Das Gletscherdorf Saas-Fee, die „Perle der Alpen", liegt 1800 m ü. M. auf einem Hochplateau des Saastals und ist umgeben von 13 prächtigen Viertausendern.

Die 1900 m² grosse Wellness- & Fitnesswelt Aqua Allalin zieht Famlien, Sportler und Geniesser gleichermassen an. Sie bietet neben dem Dampfbad eine Finnische und eine Bio-Soft-Sauna, die mit ihren 55 – 60 °C besonders kreislaufschonend ist. Dazu gibt es einen Whirlpool, einen Nabelstein, Erlebnisduschen, einen Ruheraum sowie eine Fitnessanlage und Massage- und Physiotherapieräume. Das Hallenbad verfügt über ein 25-m-Becken, eine Erlebnisrutsche, ein separates Kinderbad und ein Planschbecken. Aus dem Bad, besonders aber vom Aussenhof, hat man eine grandiose Sicht auf das Bergpanorama und die imposante Feeschlucht. Der Zugang zum Aqua Allalin erfolgt über die Kasse im wellnessHostel4000.

weitere Infos

Öffnungszeiten:	**Wellness** 10 – 21.30 Uhr | **Hallenbad** 10 – 21 Uhr | **Fitness** 8 – 21.30 Uhr | **Bistro4000** 7 – 22 Uhr
Adresse:	Aqua Allalin | Panoramaweg 1 | 3906 Saas-Fee
Telefon:	027 958 50 50
Internet:	www.saas-fee.ch/de/aqua-allalin-die-neue-wellness-fitnesswelt/

Entspannt

Saas-Fee, Kneippanlage Folgt man von der Panoramabrücke dem Dorfrundweg in Richtung Felskinnbahn, gelangt man zur Kneippanlage von Saas-Fee mit Wassertretanlage, Gussstation, Armbad, Barfusspfad – und natürlich wieder einem sensationellen Blick auf die Bergwelt.

Wallis

Lac de Champex

Champex-Lac gilt als einer der schönsten Walliser Touristenorte – und diesen Ruf verdankt es vor allem dem kristallklaren Bergsee, an dem es auf knapp 1500 m.ü.M. liegt, sowie der intakten und weitgehend unberührten Natur, die den See umgibt. Aufgrund der Höhe ist die Wassertemperatur selbst im Hochsommer nicht jedermanns Sache, bei schönem Wetter ist die unbeaufsichtigte Badestelle mit kleiner Rasenfläche an der Westseite des Sees aber immer gut besucht. Auch an vielen anderen Stellen des Ufers finden Gäste idyllische Plätze zum Relaxen in der Natur. Die schönsten Ausblicke auf die Berge bieten sich aber von der Wasserfläche aus – in aller Ruhe kann man sie in einem im Bootshaus gemieteten Ruder- oder Tretboot oder auf einem Stand-up-Paddle geniessen.

Picknick- und Spielplatz, Feuerstelle und Toiletten sind am See vorhanden, für das leibliche Wohl sorgen gern auch die Cafés und Restaurants im Ort.

78

Entspannt

weitere Infos

Anreise: **Mit dem Auto:** Der Route du Grand Saint Bernard N° 21 folgen, dann der Route de Champex | **Mit öffentlichen Verkehrsmitteln:** Von Martigny mit dem Zug nach Orsières, von dort weiter mit dem Bus nach Champex-Lac

Öffnungszeiten: **Bootsvermietung:** Juli/Aug. tgl. 10 – 18 Uhr, Juni/Sept. Sa/So 13.30 – 17.30 Uhr

Adresse: Rte du lac | 1938 Champex-Lac

Telefon: 079 319 69 28

80
79
81
Airolo
Faido
Bignasco
Sonogno
Biasca
Maggia
Val Verzasca
Ponte Brolla
Bellinzona
Verscio
Locarno
82
Ascona
Rivera
83
Cademario
Lugano
85
Mendrisio
Chiasso
87

tessin

tessin

Natürliche Whirlpools im Verzascatal

79

Nur wenige Kilometer von den bekannten Tessiner Ferienorten Locarno und Ascona entfernt erstrecken sich mehrere ursprüngliche und wild-romantische Täler, die Valli di Locarno. Das vielleicht bekannteste ist das unter Naturschutz stehende Verzascatal. Es ist auch eines der aufregendsten – für Romantiker und für Abenteurer.

Besonders faszinierend ist das magisch helle Grün des Flusses Verzasca, der sich durch die steilen Berghänge des Tals schlängelt. Wie flüssige Jade sucht sich das Wasser seinen Weg durch die ausgewaschene, nahezu weisse Felslandschaft. In Lavertezzo verläuft der Fluss unter der malerischen Doppelbrücke Ponte dei Salti hindurch: Am Ufer stösst man auf von der Natur geformte Badewannen aus Stein, natürliche „Whirlpools", in denen man sich im kristallklaren, smaragdgrün schimmernden Wasser erfrischen kann. Hier muss man einfach baden gehen – eine romantischere Umgebung zum Eintauchen wird sich kaum finden.

Nach so viel Entspannung Lust auf einen gehörigen Adrenalinkick? Am Lago di Vogorno beim Taleingang erwartet Sie Spektakuläres: Hier, an der Verzasca-Staumauer, liess sich schon James Bond 220 m tief an einem Gummiseil hinab. Wer nicht nur zuschauen, sondern das Wagnis selbst eingehen will: Der „007-Bungy-Jump" dauert exakt 7,5 Sekunden. Danach hat man sich ein erfrischendes Bad im Lago Maggiore redlich verdient.

Die Highlights unter den Bade- und Schwimmmöglichkeiten in aller Kürze: Die bekanntesten Flussteiche befinden sich in Lavertezzo und Brione Verzasca. Die beliebtesten Tauchstellen sind der „Pozzo della Misura" und der „Pozzo dei Salti".

Der romantische Fluss mit seinem bezaubernden Wasser kann allerdings auch Gefahren bergen. Beachten Sie deshalb bitte unbedingt immer die jeweiligen Hinweisschilder vor Ort. Und selbstverständlich ist mit der in öffentlichen Bädern üblichen Infrastruktur (Toiletten, Umkleiden, Duschen) nicht zu rechnen.

weitere Infos

Adresse:	Ascona-Locarno Turismo | 6673 Maggia
Telefon:	091 759 77 26
Internet:	www.ascona-locarno.com

Wild baden im Maggiatal

Das atemberaubend schöne Maggiatal erstreckt sich vom Lago Maggiore (Ascona, Locarno) bis in die Hochlagen der Alpen. Vor allem im Sommer gibt es in diesem „magischen Tal" für Besucher, die eine gute Portion Musse und Liebe zur Natur mitbringen, viel zu entdecken.

Ein über 800 km langes, engmaschiges Netz aus Wanderwegen erstreckt sich vom Tal bis zu den Gipfeln auf über 3000 m Höhe. Häufig führt der Weg über in den Fels gehauene Pfade und imposante Steinbrücken und kreuzt Dörfer, deren Kirchen und Kapellen mit Fresken reich verziert sind. Durchströmt werden die grösstenteils unberührten Landschaften vom Fluss Maggia und seinen Zuflüssen, die im Lauf der Zeit kleine Strände mit feinstem Sand, grosse Becken und eindrucksvolle Wasserfälle geschaffen haben. Der bekannteste Badeplatz liegt gut erreichbar beim Dorf Ponte Brolla (Parkplatz in Tegna).

weitere Infos

Adresse:	Ascona-Locarno Turismo | 6673 Maggia
Telefon:	091 759 77 26
Internet:	www.ascona-locarno.com

An der Melezza

Oberhalb von Locarno beginnt auch das Centovalli (hundert Täler), dessen Name auf seine zahlreichen Seitentäler verweist. Seine aussergewöhnlich schöne Landschaft bietet Naturliebhabern ebenso wie Wasserratten eine Vielzahl von Freizeitmöglichkeiten.

Für Letztere ist im Sommer (sonst wenig Sonnenlicht) das Flüsschen Melezza ein Traumziel. Zahlreiche vom Fluss in Jahrmillionen ausgespülte Wasserbecken laden zum Planschen, Schwimmen und Relaxen. Für Familien empfiehlt sich der Abschnitt zwischen Verscio und Cavigliano – dort ist das Flussbett breiter. Oberhalb von Intragna wird das Tal sehr eng, der Wasserpegel kann sehr schnell gefährliche Stände erreichen. Generell empfiehlt es sich also, nur bei guter Wettervorhersage an der Melezza zu baden.

Wie an der Maggia wird auch an der Melezza vielerorts nackt gebadet – je weiter man flussaufwärts kommt, desto mehr Nacktbader gibt es.

Selbstverständlich ist mit der in öffentlichen Bädern üblichen Infrastruktur (Toiletten, Umkleiden, Duschen) nicht zu rechnen.

weitere Infos

Adresse:	Info-Point Centovalli | 6655 Intragna
Telefon:	091 780 75 00
Internet:	www.centovalli.bizland.com/asscom/

Lido Locarno

Eine Oase direkt am Lago Maggiore für alle, die Sport, Spass und Wellness rund um das Wasser lieben. Das Lido ist das ganze Jahr über bei jedem Wetter geöffnet und bietet seinen Besuchern Hallen- und Freibäder, ein olympisches Schwimmbecken, ein Thermalbad, Spielbecken und vier Wasserrutschen.

Der 600 m lange Sandstrand auf dem Maggia-Delta bei Locarno lädt zum Verweilen und Erholen ein. Kabinen, Duschen, Umkleideräume, zwei Beachvolleyballfelder, sechs Tischtennistische, drei Kinderspielplätze, ein 4-m-Sprungbrett und zwei Flosse machen das Lido Locarno zum mediterranen und abwechslungsreichen Stranderlebnis.

Die Pläne des Lido stammen von den Architekten Moro & Moro. Die Brüder haben eines der Aussenbecken so platziert, dass es in den See überzugehen scheint. In weiteren Ausbaustufen ist der vermehrte Einsatz von Wasserkraft und Solarenergie vorgesehen.

weitere Infos

Öffnungszeiten:	Mo – Mi, Fr – So 8.30 – 21 Uhr, Do 6.30 – 21 Uhr
Adresse:	Lido Locarno | Via Respini 11 | 6600 Locarno
Telefon:	091 759 90 00
Internet:	www.lidolocarno.ch

83

Entspannt

Termali, Salini & Spa Locarno

Das Termali Salini & Spa Locarno wurde im Sommer 2013 eröffnet. Dieses Natur-Solebad teilt sich auf in Sauna- und Badelandschaft, Spa- und Treatmentbereich sowie Gastronomie. Das Badejuwel versteht sich sowohl als Begegnungsort wie auch als Ort der Ruhe und Entspannung. Einmalig wird die Anlage durch ihre Lage direkt am See sowie durch die Architektur, welche in Anlehnung an die bekannten Tessiner Flusstäler in modern-abstrakter Umsetzung mit Nischen, Grotten und Kaskaden arbeitet und dabei stets das spektakuläre Panorama vor Augen führt.

weitere Infos

Öffnungszeiten:	tgl. 9 – 21.30 Uhr
Adresse:	Termali Salini & Spa | Via G. Respini 7 | 6600 Locarno
Telefon:	091 786 96 96
Internet:	www.termali-salini.ch

Splash e Spa Tamaro

Ein wahrhaft spritziges Vergnügen: Direkt an der Autobahn A2 und nur wenige Gehminuten vom Bahnhof Rivera entfernt, befindet sich die modernste Badeanlage der Schweiz.

Auf einer Fläche von über 10 000 m^2 bietet das „Splash e Spa Tamaro" ganzjährig ein beinahe galaktisches Angebot an Abenteuer und Sinnesfreuden. Unter der Hauptkuppel, der Spasskuppel und der Spa- und Wellnesskuppel ist der jeweilige Name Programm. Und im Aussenbereich warten 85 Attraktionen auf die Gäste – sowie eine betörende Sicht auf den Erlebnisberg Monte Tamaro.

Highlights für die Gäste sind das Wellenbad mit bis zu 1 m hohen Wellen und die verschiedenen Rutschen – Mania,

84

Tunnel of Horror, Wash Machine, Black Night und Gravity Killer – die für den ultimativen Kick sorgen. Die Kleinsten können sich nach Herzenslust im Kleinkinderbereich austoben, wo Rutschen, Spritzfontänen und mehr einen riesigen Wasserspielplatz bilden. Im Sommer kann man auf der Panoramaterrasse oder in den grossen Gärten relaxen.

Ruhesuchende finden ausserdem im grosszügigen Spabereich Entspannung, beispielsweise in der Salz-, Kastanien-, Lehm- oder Aussensauna, in denen zu jeder Stunde verschiedene Aufgüsse geboten werden. Zudem können sie sich am Eisbrunnen oder unter Aromaduschen erfrischen. Ein ruhiger Bereich neben der Aussensauna lädt zu einem wohltuenden Bad im Jod-Solebecken, oder man lässt die einmalige Atmosphäre im künstlerisch gestalteten Ruheraum „Suono del Sole" auf sich wirken. Verschiedene Dampfbäder und Ruheräume sowie ein Heisswasserbecken mit Unterwasser-Musik runden das umfangreiche Angebot des Spabereichs ab.

Ausserdem gibt es ein Fit-Center, das diverse Kurse und Fitness-Programme anbietet, für das leibliche Wohl sorgen mehrere gastronomische Einrichtungen.

Das „Splash e Spa Tamaro" hat bei jedem Wetter für seine Gäste geöffnet.

weitere Infos

Öffnungszeiten:	Mo – Fr 10 – 22 Uhr, Sa/So 9 – 22 Uhr | **Fit-Center** Mo – Fr 7 – 22 Uhr, Sa/So 9 – 19 Uhr
Adresse:	Splash & Spa Tamaro SA | Via Campagnole 1 | 6802 Rivera-Monteceneri
Telefon:	091 936 22 22
Internet:	www.splashespa.ch

Kurhaus Cademario

In prachtvoller Aussichtslage auf 850 m ü. M. mit einem einmaligen Blick auf den Lago di Lugano feiert das ehrwürdige Kurhaus Cademario Hotel & Spa nach einem kompletten Umbau sein gelungenes Comeback. Die geschmackvollen 82 Zimmer und Suiten verfügen grösstenteils über Balkone und Terrassen sowie eine grandiose See- oder Bergsicht. Zwei Restaurants, Bar, Tagungs- & Bankettträume und das moderne DOT.Spa samt Freibad bieten Erholung vom Feinsten – ein idealer Mix aus Genuss, Wellness, Ruhe und Natur. Ein 3 Hektar grosser Hotelpark mit vielen Rückzugsmöglichkeiten, Wanderwege, Postautostation und Ausflugmöglichkeiten vor Ort runden das Freizeitangebot ab. Wellnessliebhaber kommen hier voll auf ihre Kosten. Das DOT.Spa mit Panoramablick steht im Zeichen der 5-Elemente-Philosophie und vereint Wasser, Holz, Feuer, Erde, Metall. Auf einer Fläche von grosszügigen 2200 m² wird hier ein vielseitiges und abwechslungsreiches Wellnessprogramm angeboten, das keine Wünsche offen lässt – eine Oase der Ruhe und Entspannung mit Solebad und Erlebnispool, verbunden mit Aussenpool, Eisbrunnen und diversen Saunen.

Neben Kosmetikbehandlungen und einer eigenen Produktlinie setzt das MED. Spa auf präventive Therapien und ärztliche Betreuung.

85

Abstecher: Hoch über dem Luganersee bietet das Hotel & Spa Cacciatori ein Wellnessprogramm ganz im Zeichen des Weines, der, wie schon die alten Römer wussten, Genuss und Gesundmacher zugleich ist. Das Spa bietet entspannende und die Haut verjüngende Vino-Therapien an – von der Massage mit Traubenkernen und -öl über Peelings und Packungen mit Trester bis hin zum Bad im Traubensaft. Ein Glas Wein aus dem eigenen Rebberg gehört selbstredend immer dazu!

weitere Infos

Adresse:	Hotel & Spa Cacciatori | Lisone | 6936 Cademario
Telefon:	091 605 22 36
Internet:	www.hotelcacciatori.ch

weitere Infos

Adresse:	Kurhaus Cademario Hotel & Spa | Via Kurhaus | 6936 Cademario
Telefon:	091 610 51 11
Internet:	www.kurhauscademario.com

Lido di Lugano Strandbad

86

Der Lido von Lugano, der seinen Charme der 1920er-Jahre bis heute bewahren konnte, ist nicht nur bei der einheimischen Bevölkerung sehr beliebt. Auch viele der zahlreiche Gäste der Stadt kennen und schätzen ihn als Garanten für ein rundum schönes Bade- und Relaxerlebnis. Dafür sorgen der herrliche, sehr feine, bis zum Seeufer hinunter reichende Sandstrand, ein beheiztes olympisches Schwimmbecken, ein mittelgrosses

weitere Infos

Öffnungszeiten:	Mai u. Sept. 9–19 Uhr, Juni – Aug. 9 – 19.30 Uhr
Adresse:	Lido di Lugano | Via Lido | 6906 Lugano
Telefon:	058 866 68 80
Internet:	www.lugano.ch/sport

Becken, ein Sprungbecken mit Sprungbrettern bis zu 10 m Höhe, ein Kinderschwimmbecken mit verschiedenen Spielmöglichkeiten sowie ausserhalb des Wassers ein Beachvolleyballfeld sowie ein Hallenfussballfeld.

Abstecher: Nahe dem Stadtzentrum von Lugano, gleich gegenüber dem Museo d'Arte, befindet sich das Strandbad Riva Caccia mit einem Floss, das sanft auf dem Wasser schaukelt. Es bietet alles, was sich Badende und Sonnenanbeter wünschen: Seebad, Sprunganlage, Liegeplattform, Umkleidekabinen, Duschen sowie Verpflegungsmöglichkeiten. Sonnenliegen und Sonnenschirme können ausgeliehen werden. Von der schwimmenden Holzplattform aus geniesst man eine herrliche Aussicht auf die Berge.

weitere Infos

Öffnungszeiten:	Juni–Aug. tgl. 9–20 Uhr, 1.–18. Sept. 9–18.30 Uhr
Adresse:	Lido Riva Caccia | Riva Caccia | 6900 Lugano
Telefon:	058 866 69 11
Internet:	www.lugano.ch/sport

Indoor-Wasserpark California (Mendrisio)

Im Wasserpark California erleben die Gäste selbst an grauen Regentagen heitere und unbeschwerte Badefreuden. Hier kann man sich in angenehmer, modern gestalteter Atmosphäre von freundlichem Servicepersonal verwöhnen lassen, abwechslungsreichen Spass im Wasser geniessen und darüber hinaus etwas für seine Gesundheit tun und Entspannung finden.

In südlichem Ambiente findet man hier eine vielfältige Auswahl an Attraktionen: Ein grosses Schwimmbecken, ein Wellenbad, das Meergefühle weckt, ein Becken mit Hydromassage sowie Wellness im Thermalbassin. Für Spass und Action sorgen spannende Wasserspiele für Gross und Klein sowie zwei Toboggan-Rutschen. Kleinkinder kommen im „Baby Paradise" voll und ganz auf ihre Kosten.

Ausserdem gibt es diverse Fitness- und Wellnesseinrichtungen. Dazu zählen verschiedene Fitnessbereiche mit einem umfangreichen Angebot an Trainingsprogrammen sowie eine Wellnessoase mit Finnischer Sauna, einer Bio-Sauna, einem Türkischen Bad, mit Tropen- und Nebelduschen und angenehmen Ruhebereichen.

Diverse Anwendungen und Entspannungsmassagen können auf Anfrage gebucht werden.

Der gedeckte Wasserpark bietet auch Pauschalangebote an. Ob Einzelbesucher, Gruppen oder Familien, ob Freunde von Spass und Action oder Ruhe- und Erholungssuchende – hier ist für jeden Geschmack und jede Altersgruppe das Passende dabei. Ein grosser Parkplatz ist vorhanden.

87

weitere Infos

Öffnungszeiten:	Mo–Fr 9 – 22 Uhr, Sa/So 9 – 20 Uhr
Adresse:	Parco Acquatico Coperto California | Via S. Gottardo 4 | 6828 Balerna/Chiasso
Telefon:	091 695 70 00
Internet:	www.california-acquapark.ch

Entspannt

Impressum

1. Auflage 2018
ISBN-Nummer 978-3-259-03732-4

Herausgeber: Hallwag Kümmerly+Frey AG, CH-3322 Schönbühl-Bern
Producing: red.sign GbR, Stuttgart

Printed in Poland

BILDNACHWEIS: Cover Flims/Gaudenz Danuser; Seite 2/3 mauritius images/Hiroshi Higuchi; 8–9 Flims/Gaudenz Danuser; 10–11 Arosa Tourismus/Nina Mattli; 12–13 Wellness- und Erlebnisbad eau-là-là; 14–15 Bogn Engiadina Scuol; 16 Lenzerheide Sportzentrum; 17 Alvaneu Bad Golfinvest AG; 18–19 Gemeinde Zernez; 20–21 Global Image Creation – 7132 Hotel, Vals; 22/23 Mineralbad Andeer/Dolores Rupa; 24–25 Savognin Tourismus im Surses; 26/27 Mineralbad & Spa Samedan; 28–29 Ente Turistico Valposchiavo; 32 Rhybadi/Roberta Fele; 33 KSS Freizeitpark Schaffhausen; 34–35 Arbon Tourismus; 36–37 Thermalbad & Spa Zürich; 38–39 Genossenschaft Migros Ostschweiz; 40 St. Gallen – Bodensee Tourismus; 41 Heilbad Unterrechstein; 42–43 Bad Seedamm AG, Alpamare; 44–45 Grand Resort Bad Ragaz AG; 48–49 Panorama Resort & Spa Feusisberg; 50 Beat Brechbuehl/Luzern Tourismus; 51 Genossenschaft Migros Luzern; 52–53 Strandbad Lido AG Luzern; 54–55 Mineralbad & Spa Rigi Kaltbad; 56–57 Swiss Holiday Park AG; 58/59 perretfoto.ch; 62/63 Naturbad Riehen; 64–65 Bad Zurzach Tourismus AG; 66 Bad Schinznach AG; 67 Gemeinde Biberstein; 68/69 seetaltourismus; 70–71 Region Solothurn Tourismus; 72–73 Tourismus Biel Seeland | Stefan Weber; 75 Hammam & Spa Oktogon Bern; 76 und 76/77 Bernaqua; 77 Solbad & Spa Schönbühl; 80 mauritius images/Alamy/John Husband; 80/81 Stadt Thun/Christian Helmle; 82–83 Jungfrau Region Tourismus; 84/85 Freibad Zweisimmen; 85 Naturpark Diemtigtal/Martin Wymann; 86/87 Kandersteg Tourismus; 88 Lenkerhof gourmet spa resort; 89 Lenk-Simmental Tourismus AG; 90/91 Gstaad Saanenland Tourismus; 94/95 Danielle Zingg; 96–97 Tourisme Neuchâtelois; 98 Yverdon-les-Bains Région; 99 l. Yverdon-les-Bains Région/Claude Jaccard, r. Yverdon-les-Bains Région/Guillaume Perret; 100/101 Heimatschutz.ch; 102–103 Bains de la Gruyère; 104/105 Lausanne Tourisme/Laurent Kaczor; 106–107 Bains des Pâquis/Fausto Pluchinotta; 109 Les Bains de Lavey; 112–113 Aquaparc; 114–115 Anzère Spa & Wellness; 116–117 Leukerbad Therme; 118–119 Brigerbad; Thermes Parc, 120–121 Les Bains de Val-d'Illiez; 122 Les Bains de Saillon; 123 Les Bains d'Ovronnaz; 124 o. Aqua Allalin/Ruedi Walti, u. Aqua Allalin/Michel van Grondel; 125 PPR/Saas-Fee; 126/127 Au Pays du St-Bernard; 127 RawKingPhoto; 130 picture-alliance/Westend61/Werner Dieterich; 131 picture-alliance/prisma/Roland Gerth; 132 Ticino Turismo; 133 Look/Andreas Strauss; 134 Ticino Turismo/Christof Sonderegger; 135 Termali Salini & Spa Locarno; 136–137 Splash e Spa Tamaro; 138–139 Kurhaus Cademario Hotel & Spa; 140 Ticino Turismo; 140/141 Ticino Turismo/Christof Sonderegger; 143 Shutterstock/Poznyakov

Der Herausgeber hat alle Angaben sorgfältig geprüft; trotzdem sind inhaltliche Fehler nicht auszuschliessen. Die Angaben erfolgen daher ohne jegliche Verpflichtung des Herausgebers, der keine Haftung für allfällige Unstimmigkeiten übernimmt. Für Verbesserungsvorschläge unter info@swisstravelcenter.ch sind wir dankbar.

www.swisstravelcenter.ch